Buchführung – Schritt für Schritt

Jeder Kaufmann ist zur ordnungsgemäßen Buchführung verpflichtet. Die grundlegenden Ausführungen stehen im Handelsgesetzbuch (HGB) in den §§ 238–337.

Der § 238 (Buchführungspflicht) beginnt mit folgenden Worten: »Jeder Kaufmann ist verpflichtet, Bücher zu führen und in diesen seine Handelsgeschäfte und die Lage seines Vermögens nach den Grundsätzen ordnungsgemäßer Buchführung ersichtlich zu machen.«

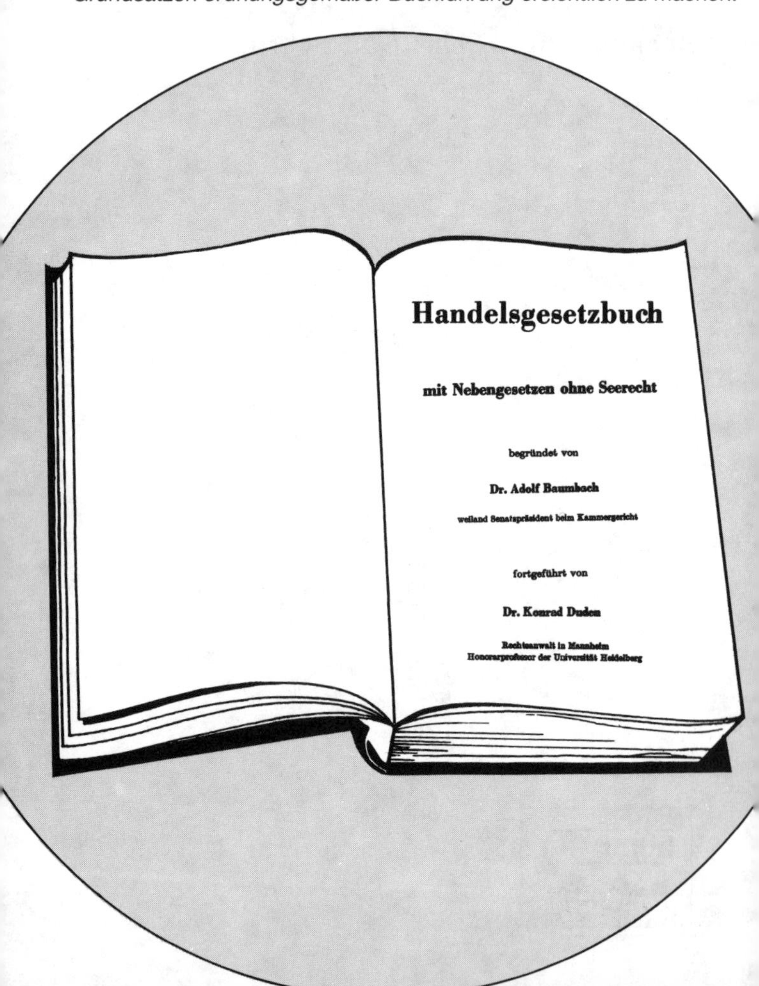

Buchführung - Schritt für Schritt

Von Martin Lautenschlager

humboldt-taschenbuch 211

Umschlaggestaltung: Christa Manner, München
Umschlagmotiv: Arthur Wehner, grafik-dienst

**Verlag und Autor ist daran gelegen, dem Leser diesen seit Jahren bewährten Ratgeber so preisgünstig wie möglich zukommen zu lassen.
Deshalb wurde in den Beispielen der vorliegenden Auflage der Mehrwertsteuersatz von 12% beibehalten, weil die Höhe des Prozentsatzes das buchhalterische Problem in keiner Weise berührt.
Durch diese Maßnahme haben wir ganz bewußt die in Ihrem Sinne liegende günstige Preisgestaltung einer falsch verstandenen »Aktualität« vorgezogen.**

Druck: Presse-Druck Augsburg
Printed in Germany
ISBN 3-581-66211-6

11 * 92

Inhalt

6 Gebrauchsanweisung
7 Wesen und Aufgaben der Buchführung
8 Die gesetzlichen Grundlagen der Buchführung
10 Das Inventar als Grundlage und Ausgangspunkt der Buchführung
15 Vom Inventar zur Bilanz
19 Die Bilanz gerät in Bewegung
20 Auflösung der Bilanz in Bestandskonten (Aktiv- und Passivkonten)
26 Die Erfolgskonten und ihr Abschluß
32 Weitere Grundzüge der Abschlußtechnik
37 Das geteilte Warenkonto
45 Die direkte Abschreibung
53 Verbuchung von Wechselforderungen und Wechselschulden
60 Verbuchung von Prolongationswechseln und Protestwechseln
66 Kontenrahmen, Kontenklassen, Kontengruppen, Kontenarten, Kontenplan
69 Die Umsatzsteuer (Mehrwertsteuer)
76 Verbuchung der Umsatzsteuer bei Warenrücksendungen, Preisnachlässen und Skontiabzügen
80 Verbuchung der Umsatzsteuer im Netto- bzw. Bruttoverfahren
82 Zusammenfassender Geschäftsgang aus dem Großhandel
86 Aufteilung der Buchführung in Bilanzbuch, Hauptbuch, Grundbuch (Journal) und Nebenbücher
94 Abschluß auf der Betriebsübersicht
104 Die zeitliche Jahresabgrenzung
118 Die indirekte Abschreibung
123 Verbuchung von Personalkosten mit Abzügen
129 Lösungen
163 Register

Gebrauchsanweisung

Mit dem Kauf dieses Buchs haben Sie sich entschlossen, in das »Geheimnis« der doppelten Buchführung einzudringen. Die Technik der doppelten Buchführung ist gar nicht so trokken, wie dies auf den ersten Blick scheinen mag. Sie werden beim Lesen rasch erkennen, daß es nur wenige logische Grundregeln sind, auf denen das ganze System aufgebaut ist. Es bereitet immer wieder Freude, wenn man im weiteren Verlauf auch schwierigere Buchführungsprobleme auf diese Grundregeln zurückführen kann. Lassen Sie sich an dieser Stelle noch zwei Ratschläge erteilen:

1. Die ersten Seiten dieses Buches sind die wichtigsten. Sie sind sehr leicht zu verstehen. Lesen Sie diese Seiten trotzdem aufmerksam durch, denn hier lernen Sie die Grundregeln kennen.

2. Jedes Kapitel schließt mit einer kleinen Übungsaufgabe ab.
   a) Lösen Sie jede dieser Übungen, auch wenn Sie Ihnen noch so leicht erscheint.
   b) Lösen Sie die Übungen schriftlich und vergleichen Sie erst am Schluß Ihre fertige Gesamtlösung mit der Musterlösung des Buchs. Seien Sie ehrlich gegen sich selbst!

Lassen Sie mich mit einem kleinen technischen Hinweis schließen: Selbstverständlich können Sie sich Ihre Inventarbogen und Ihre Kontenblätter selbst liniieren. Doch sei Ihnen hier ein billiger und besserer Weg verraten:
Besorgen Sie sich in der nächsten Papierwarenhandlung (vielleicht am besten in der Nähe einer kaufmännischen Berufsschule)

2 Inventarbogen (DIN A 4, Doppelbogen)
7 32-Konten-Blätter (DIN A 4, Doppelbogen, auf jeder Seite vier mal zwei Konten nebeneinander)
1 6spaltige Betriebsübersicht

Das ist das ganze Spezialwerkzeug, um Buchführung zu erlernen. Im übrigen genügen ein gespitzter Bleistift und natürlich Ihr »gespitzter« Verstand.

Wesen und Aufgaben der Buchführung

Jeder Kaufmann muß sich über die Abläufe in seinem Betriebsgeschehen jederzeit informieren können.

1. Er muß Bescheid wissen über den Stand seines Vermögens und seiner Schulden. Er muß seine Aufwendungen aufzeichnen und seine Erträge notieren.
2. Diese Aufstellung muß den täglichen Veränderungen angepaßt werden.
3. Damit wird die Buchführung zum wirksamen Mittel der Betriebskontrolle.
4. Darüber hinaus dient das Zahlenmaterial der Buchführung als Grundlage für die Preisberechnung (Kalkulation) und für die Planungen der zukünftigen Entwicklung des Betriebes.

Aber auch Dritten gegenüber kann der Kaufmann auf eine ordnungsgemäße Buchführung nicht verzichten.

5. Die Buchführung dient als Beweismittel gegenüber dem Finanzamt und dem Gericht.
6. Die Buchführung liefert die Unterlagen bei der Steuerveranlagung.

Aus dem Gesagten leiten wir folgende Grundforderungen über die Beschaffenheit jeder ordnungsgemäßen Buchführung ab:

In der Buchführung müssen alle Geschäftsvorfälle eines Betriebes lückenlos in zeitlicher Reihenfolge (chronologisch) wertmäßig festgehalten werden.

Die gesetzlichen Grundlagen der Buchführung

Gesetzliche Vorschriften über die Buchführung finden wir in zahlreichen Gesetzen.

1. Die grundlegenden Ausführungen stehen im Handelsgesetzbuch (HGB) in den §§ 238–337. In § 238 HGB heißt es: »Jeder Kaufmann ist verpflichtet, Bücher zu führen und in diesen seine Handelsgeschäfte und die Lage seines Vermögens nach den Grundsätzen ordnungsgemäßer Buchführung ersichtlich zu machen.«

Was heißt ordnungsgemäße Buchführung? Einige kurze Anmerkungen sollen dies erläutern: Die Eintragungen müssen chronologisch gemacht werden, sie müssen formell und sachlich richtig sein. Die Buchführung muß in einer lebenden Sprache und in DM-Währung geführt werden. Zum Beginn eines Handelsgewerbes sowie zum Schluß eines jeden Geschäftsjahres (das nicht mit dem Kalenderjahr übereinstimmen muß) sind ein Inventar und eine Bilanz zu erstellen. Beide sind vom Geschäftsinhaber zu unterzeichnen. Die Bücher sind 10 Jahre aufzubewahren, die dazu gehörenden Urbelege 6 Jahre. Leere Zwischenräume sind durch einen Buchhalterriegel (Buchhalternase) zu entwerten (siehe Bilanzkonto auf Seite 16). Es darf nichts unleserlich gemacht werden. Es darf nicht radiert werden.

2. Da die Buchführung Ausgangspunkt für die Steuerveranlagung ist, gehen auch die Steuergesetze auf die Buchführungspflicht ein. Hier sind zu nennen:
   Das Einkommensteuergesetz (EStG)
   Die Abgabenordnung (AO)
   Das Körperschaftssteuergesetz
   Das Umsatzsteuergesetz
   Das Gewerbesteuergesetz
   Die Verordnung über die Führung eines Wareneingangs- und -ausgangsbuches in der Handwerkerbuchführung.
3. Nicht verbindlich sind folgende Richtlinien über die organisatorische Gestaltung und Durchführung der Buchführung: Die Grundsätze für das Rechnungswesen von 1952. Die Gemeinschaftsrichtlinien für den Handel und die Industrie.

Der Gemeinschaftskontenrahmen (GKR) für die Industrie, bzw. der Industriekontenrahmen (IKR).

4. Sondervorschriften gelten für:
   Aktiengesellschaften (Aktiengesetz)
   Gesellschaften mit beschränkter Haftung (GmbH-Gesetz)
   Genossenschaften (Genossenschaftsgesetz)

Zusammenfassend stellen wir fest:
Die Buchführung muß den zahlreichen gesetzlichen Vorschriften entsprechen.
Nur eine ordnungsgemäße Buchführung hat Beweiskraft.
Aus der Buchführung muß sich jeder sachverständige Außenstehende ein genaues Bild über den betreffenden Betrieb machen können.

Übung 1 (Lösung Seite 131)

1. In der Buchführung ermittelt der Kaufmann sein .... und seine ....
2. Außerdem notiert er alle .... und ....
3. Nennen Sie 4 weitere Aufgaben, die die Buchführung erfüllt:
   a) ....
   b) ....
   c) ....
   d) ....
4. In welchem Gesetz finden Sie die grundlegenden Vorschriften über die Buchführungspflicht von Kaufleuten?
   ....
5. Nennen Sie 6 Grundsätze der ordnungsgemäßen Buchführung.
   a) ....
   b) ....
   c) ....
   d) ....
   e) ....
   f) ....

Das Inventar als Grundlage und Ausgangspunkt der Buchführung

Im vorigen Kapitel haben wir erkannt, daß der Kaufmann alle vorkommenden Geschäftsvorfälle verbuchen muß. Dazu ist aber vorher eine ganz entscheidende Voraussetzung zu erfüllen. Die täglichen Geschäftsvorfälle versetzen unsere Buchführung in Bewegung, sie verursachen eine ständige Veränderung. Aber bis jetzt haben wir ja noch gar nichts, was wir in Bewegung setzen können. Darum müssen wir zuerst eine **Ausgangsposition** schaffen. Wir müssen zu Beginn unseres Handelsgewerbes bzw. zum Schluß eines jeden Geschäftsjahres eine »Momentaufnahme« unseres Betriebes machen. Wir müssen eine umfassende, vollständige Bestandsaufnahme unserer Vermögenslage erstellen. Diesen Vorgang nennen wir **Inventur**. Das schriftliche Ergebnis, d. h. unsere Aufzeichnung, heißt das **Inventar.**
Die Inventur ist also nichts anderes als die mengen- und wertmäßige Erfassung des Vermögens und der Schulden eines Betriebes zu einem bestimmten Stichtag.
Verdeutlichen wir uns das Gesagte an einem kleinen Beispiel: (siehe Seite 11, 12)

Aus dem Inventarverzeichnis der Seite 11, 12 entnehmen wir die Gliederung, wie sie allen Inventaren eigen ist, nämlich:

I. Vermögen (Aktiva)
II. Schulden (Passiva oder Fremdkapital)
III. Ermittlung des Eigenkapitals (Reinvermögen)

Die Bezeichnungen in den Klammern sind ebenfalls gebräuchlich. Die folgenden Erklärungen sind sehr leicht zu verstehen, sie bilden jedoch das Fundament aller weiteren buchhalterischen Überlegungen.

Zu I. Vermögen (Aktiva)

Eine Faustregel, die uns im weiteren Verlauf noch gute Dienste erweisen wird, besagt: Vermögen ist alles, was ich zu mei-

nen Gunsten zu Geld machen könnte oder was bereits für mich zu Geld geworden ist.
Erproben Sie bitte die Richtigkeit der Regel an den einzelnen Posten, die Sie unter »I. Vermögen« in dem Inventar-Beispiel finden:

Innerhalb der Rubrik **Vermögen** unterscheiden wir

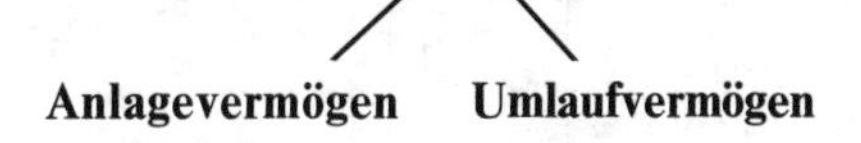

Anlagevermögen **Umlaufvermögen**

Das **Anlagevermögen** besitzt langfristigen Charakter. Anlagevermögen wird nicht erworben, um möglichst schnell wieder weiterveräußert zu werden. Zum Anlagevermögen gehört die Einrichtung des Betriebes im weitesten Sinne. Das Anlagevermögen bildet sozusagen das Gehäuse, durch das der Strom des Umlaufvermögens durchfließt. Typische Posten des Anlagevermögens sind u. a.
Gebäude, Geschäftsausstattung, Fuhrpark, Maschinenpark, aber auch langfristige Darlehensforderungen.

Inventar der Textil-Großhandlung Max Reinlich, Stuttgart, zum 31. Dezember 19 . .

I. Vermögen (Aktiva)	DM	DM	DM
A. Anlagevermögen			
1. Geschäftshaus Bismarckstraße 78		180 000.—	
2. Geschäftsausstattung:			
Büro lt. bes. Verzeichnis	8 000.—		
Lagereinrichtung lt. bes. Verzeichnis	15 000.—	23 000.—	203 000.—
B. Umlaufvermögen			
1. Warenbestand			
Oberbekleidung lt. bes. Verzeichnis	3 000.—		
Wäsche lt. bes. Verzeichnis	2 500.—		
Bademoden lt. bes. Verzeichnis	500.—		
sonstige Waren lt. bes. Verzeichnis	1 000.—	7 000.—	

2. Forderungen auf Grund von Warenlieferungen u. Leistungen an Kunden:			
Friedrich Schick, Fellbach	1 000.—		
Kaufhaus GmbH, Göppingen	1 600.—		
sonstige Kunden lt. bes. Verzeichnis	3 400.—	6 000.—	
3. Bankguthaben:			
Girokasse Stuttgart	2 000.—		
Postgiroamt Stuttgart	1 000.—	3 000.—	
4. Kassenbestand laut Zählung		800.—	16 800.—
Summe des Vermögens:			219 800.—
II. Schulden (Fremdkapital oder Passiva)			
A. Langfristige Schulden			
1. Hypothekenschuld bei Girokasse Stgt.			80 000.—
B. Kurzfristige Schulden			
1. Verbindlichkeiten auf Grund von Warenlieferungen u. Leistungen von Lieferern			
Nova-Moden, Reutlingen		4 000.—	
Textil AG, Mannheim		3 900.—	
Bademoden GmbH, Düsseldorf		2 500.—	10 400.—
Summe der Schulden:			90 400.—
III. Ermittlung des Eigenkapitals (Reinvermögen)			
Summe des Vermögens			219 800.—
— Summe der Schulden			90 400.—
Eigenkapital (Reinvermögen)			129 400.—

Stuttgart, den 31. Dezember 19..

gezeichnet: Max Reinlich

Anmerkung zur Gliederung eines Inventarbogens

Die Gliederung des Inventarbogens in eine Hauptspalte (ganz rechts) und mehrere Vorspalten dient der besseren Übersicht. Am Beispiel der Waren sei dies erläutert: Die einzelnen Warengruppen (Oberbekleidung, Wäsche, Bademoden usw.) werden in der ersten Vorspalte gesammelt. Die Summe von 7000,– DM bildet den gesamten Warenbestand, der als Teil des Umlaufvermögens in die zweite Vorspalte eingerückt wird. Die Summe des gesamten Umlaufvermögens wiederum wird in der Hauptspalte ausgewiesen. Die Gliederung in Vorspalten und Hauptspalten ist nicht gesetzlich vorgeschrieben. Jeder Kaufmann paßt diese Aufteilung seines Inventars seinen jeweiligen Bedürfnissen an.

Das **Umlaufvermögen** besitzt kurzfristigen Charakter. Das beste Beispiel hierfür ist der Kassenbestand und der Warenbestand, die sich beide täglich ändern. In sich ordnet man das Umlaufvermögen nach dem Liquiditätsgrad (Grad der Flüssigkeit) der einzelnen Posten. Man untersucht, wie weit die Posten noch vom Zustand des Bargeldes entfernt sind. Demnach ergibt sich folgende Reihenfolge:

Warenbestand (am weitesten vom Bargeldzustand entfernt)

↓

Forderungen

↓

Bankguthaben

↓

Bargeld

Zu II. Schulden (Fremdkapital oder Passiva)

Auch die Schulden gliedert man nach ihrer Fälligkeit in **langfristige** Schulden (z. B. Darlehensschulden) und **kurzfristige** Schulden (z. B. Verbindlichkeiten gegenüber Lieferanten aus **Warenlieferungen** und Leistungen). Prägen Sie sich bitte die Bezeichnung **Verbindlichkeiten** gut ein, sie wird bei kurzfristigen Schulden ausschließlich gebraucht.

Zu III. Ermittlung des Eigenkapitals (Reinvermögen)

Dieser Punkt ergibt sich als logische Ergänzung aus den Gliederungspunkten I und II.

Punkt I gibt Auskunft über die im Betrieb vorhandenen Vermögenswerte.
Punkt II gibt Auskunft, wieviel (wertmäßig) von diesen unter I angegebenen Vermögenswerten noch nicht bezahlt sind.

I Vermögen
– II Schulden

ergibt folglich den Betrag, den der Geschäftsinhaber an eigenen Mitteln in sein Geschäft hineingesteckt hat.

Anmerkung: Vergleichen Sie bitte in diesem Zusammenhang den Posten Warenbestand = 7000,– DM mit dem Posten Verbindlichkeiten = 10400,– DM.
Der Vergleich führt Sie zu folgendem Ergebnis: In der Großhandlung Reinlich liegen in den Regalen Waren im Werte von 7000,– DM. Aber: Nicht ein einziger Artikel der gelagerten Waren ist bezahlt. Der ganze Warenbestand ist mit Fremdkapital finanziert durch Inanspruchnahme des Zahlungsziels beim Wareneinkauf.

Übung 2 (Lösung Seite 131)

1. Ausgangspunkt jeder Buchführung ist die ....
2. Das aufgestellte Verzeichnis heißt ....
3. Das in (2) genannte Verzeichnis gliedert sich in
   I ....
   II ....
   III ....
4. Nennen Sie die Faustregel, mit der man das Vermögen umschreiben kann ....
5. Wie heißt die einfache Gleichung, mit der man das Eigenkapital (Reinvermögen) ermitteln kann?
   .... = ...

Übung 3 (Lösung Seite 132)

(Benützen Sie dazu einen Inventarbogen)
Der Elektrogroßhändler Hans Lampe, München, stellte bei

der Inventur am 31. 12. 19 . . folgende Werte in ungeordneter Reihenfolge fest:

Gebäude, Ludwigstraße	100000,– DM
Verbindlichkeiten lt. bes. Verzeichnis	45000,– DM
Guthaben bei der Sparkasse	20000,– DM
Forderungen lt. bes. Verzeichnis	30000,– DM
Darlehen der Bayerischen Hypotheken- und Wechselbank	120000,– DM
Fuhrpark lt. bes. Verzeichnis	62000,– DM
Geschäftsausstattung lt. bes. Verzeichnis	25000,– DM
Bares Geld	5000,– DM
Waren:	
Beleuchtungskörper lt. bes. Verzeichnis	18000,– DM
Küchen- und Haushaltsgeräte lt. bes. Verz.	125000,– DM
Rundfunk- und Fernsehgeräte lt. bes. Verz.	60000,– DM
Sonstige Waren lt. bes. Verzeichnis	35000,– DM

Aufgabe: Stellen Sie das Inventar in der bekannten Ordnung auf!

Vom Inventar zur Bilanz

Ausgangspunkt sei das Inventar aus Übung 3, das Sie zum Schluß des letzten Abschnittes angefertigt haben und dessen Musterlösung wir auf Seite 132 finden.

Als erstes beachten wir noch einmal die Anordnung der einzelnen Posten, wobei wir die Beträge zunächst vernachlässigen wollen. Dabei ergibt sich folgendes Bild: Die Posten des Inventars sind, rein räumlich gesehen, **untereinander** angeordnet:

I Vermögen (Aktiva)
II Schulden (Fremdkapital oder Passiva)
III Eigenkapital (Reinvermögen)

Warum sollten wir diese Anordnung nicht etwas abändern? Es sind wohlgemerkt, dieselben Posten, nur jetzt anders gruppiert, z. B. **nebeneinander** in folgender Weise:

I Vermögen	II Schulden III Eigenkapital

Sie denken vielleicht: Was soll dieser Taschenspielertrick? Setzen wir zur Vervollständigung die DM-Beträge ein und betrachten dann das Ergebnis noch ein wenig genauer:

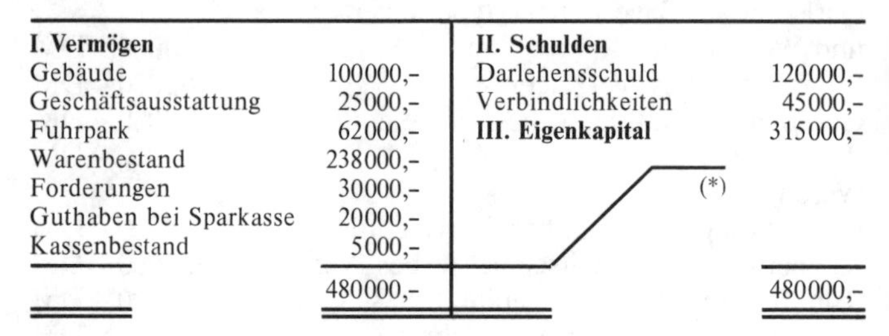

I. Vermögen		**II. Schulden**	
Gebäude	100000,-	Darlehensschuld	120000,-
Geschäftsausstattung	25000,-	Verbindlichkeiten	45000,-
Fuhrpark	62000,-	**III. Eigenkapital**	315000,-
Warenbestand	238000,-		
Forderungen	30000,-	(*)	
Guthaben bei Sparkasse	20000,-		
Kassenbestand	5000,-		
	480000,-		480000,-

*) Buchhalterriegel oder Buchhalternase zum Entwerten von leeren Zeilen.

Sicher ist Ihnen aufgefallen, daß beim Addieren der Beträge auf beiden Seiten die gleiche Summe erscheint, in unserem Falle 480000,- DM. Dies ist natürlich kein Zufall. Man kann die Erklärung auf verschiedene Weise versuchen:

1. Rechnerische Erklärung

Wir erinnern uns an die in Übung 2 (S. 14) aufgestellte Formel:

Vermögen − Schulden = Eigenkapital

Durch einfache Umformung erhalten wir:

Vermögen = Schulden + Eigenkapital

Diese Lösung ist aber, vom buchhalterischen Standpunkt aus gesehen, unbefriedigend.

2. Buchhalterische Erklärung

Kleine Vorbemerkung: Die Darstellung einer Rechnung in solch einer zweiseitigen Aufmachung nennen wir **Konto**. In unserem Fall sprechen wir von einem T-Konto. Der Name ist abgeleitet aus dem italienischen conto = Rechnung. Wir haben unserem Inventar also die Form eines Kontos gegeben.

Aus dem Untereinander ist ein ganz bestimmtes Nebeneinander geworden.

Und nun die eigentliche Erklärung:
Unser Konto zeigt zweimal den gleichen Betrieb, nur jedesmal von einem anderen Gesichtspunkt aus betrachtet.
Die linke Seite unseres Kontos gibt Auskunft über die **äußere Erscheinungsform** unseres Betriebes. Sie zeigt das, was man z. B. bei einer Betriebsbesichtigung dem Besucher vorzeigen würde: u. a. das Gebäude, die Ausstattung, den Wagenpark, die gefüllten Warenregale, vielleicht sogar das Sparbuch, das Geld in der Kasse und die in der Kundenkartei festgehaltenen Forderungen. Alle diese Dinge haben wir aber kurz als Vermögen definiert. Denken Sie an unsere Faustregel von Seite 10f!

Die rechte Seite unseres Kontos gibt Auskunft, wer das Vermögen der linken Seite finanziert hat. Sie gibt Auskunft über die **Geld(Kapital)-Quelle**. Und hier sind zwei Möglichkeiten denkbar:
1. Ein Vermögensgegenstand ist vom Inhaber aus eigenen Mitteln angeschafft, also mit Hilfe von **Eigenkapital** finanziert worden.
2. Ein Vermögensgegenstand, z. B. eine Ware, ist vom Inhaber auf Schulden angeschafft worden. Der Buchhalter sagt hier: Der Gegenstand ist mit **Fremdkapital** finanziert. Jede unbezahlte Eingangsrechnung bedeutet, daß der Lieferant sein Kapital (in Form der gelieferten Ware) in den Betrieb des Inhabers gesteckt hat.

Damit ist erklärt, daß sich die beiden Seiten unseres Kontos die Waage halten (italienisch = bilancia = Waage). Davon wurde der Name **Bilanz** abgeleitet. Schreiben Sie bitte über die Mitte unseres Kontos das Wort Bilanz. Weil wir auf der linken Seite unserer Bilanz das Vermögen (Aktiva) aufzeichnen, heißt diese linke Seite **Aktiva** . Schreiben Sie bitte über die linke Seite der Bilanz das Wort Aktiva. Wenn Sie nun noch über die rechte Seite der Bilanz das Wort **Passiva** schreiben, ist unsere Darstellung vollständig.

Zusammenfassend stellen wir fest:
1. **Die Bilanz ist eine Kurzfassung des Inventars in Kontenform. (Kurzfassung deshalb, weil Forderungen und Verbindlichkeiten je in einem Betrag zusammengefaßt werden.**

In der Bilanz fallen auch die Mengenangaben und die genauen Warenbezeichnungen weg, die im Inventar üblich sind).

2. **Die linke Seite der Bilanz heißt Aktiva. Sie enthält das Vermögen.**
3. **Die rechte Seite der Bilanz heißt Passiva. Sie enthält die Schulden (Fremdkapital) und das Eigenkapital. Der Name Passiva gibt also keine erschöpfende Auskunft über den Inhalt der rechten Seite.**
4. **Beide Bilanzseiten beschreiben denselben Betrieb, nur von verschiedenen Gesichtspunkten aus betrachtet.**
5. **Aus Punkt 4 folgt, daß das Bilanzkonto im Gleichgewicht ist:**
   Summe aller Aktiva = Summe aller Passiva

Übung 4 (Lösung Seite 133)

1. Woher stammt das Zahlenmaterial, das inhaltlich unverändert zur Bilanz umgeformt wird?
   ....

2. Wie heißt man eine zweiseitig aufgemachte Rechnung?
   ....

3. a) Mit welchem Begriff kann man den Inhalt der linken Seite der Bilanz umschreiben?
   ....

   b) Mit welcher Faustregel kann man den in 3a gefragten Begriff erklären!
   ....
   ....

4. Welche Posten enthält die Passivseite der Bilanz?
   a) ....
   b) ....

Übung 5 (Lösung Seite 133)

Fertigen Sie aus dem Inventar der Textil-Großhandlung Max Reinlich, Stuttgart, (Seite 11) eine Bilanz an!

Die Bilanz gerät in Bewegung

Mit der Bilanz haben wir das Inventar in eine übersichtliche und aussagekräftige Form gebracht. Wir können ablesen, wie die Vermögenslage eines Betriebes zum **Bilanzstichtag** beschaffen ist. Die Bilanz ist also eine Momentaufnahme. Sie hat statischen Charakter. Im Gegensatz dazu hat das Betriebsgeschehen dynamischen Charakter. Schon am Tage nach der Bilanzerstellung ändern sich meine Bilanzposten durch die neuen Geschäftsvorfälle in meinem Betrieb. Die wichtigste Aufgabe ist es nun, die Bilanzposten auf dem laufenden Stand zu halten, denn nur eine solche Buchführung ist brauchbar (vergleiche Punkt 2 auf Seite 7). Wir müssen demnach eine Technik suchen, die es uns erlaubt, unsere richtige Ausgangsposition (= Bilanz) immer auf dem neuesten Stand zu halten.

Der einfachste Weg bestünde darin, die alten Zahlen auszustreichen und die korrigierten Werte über den alten Werten einzutragen. Eine kleine Übung soll dies veranschaulichen:

Übung 6 (Lösung Seite 133, 134)

Ausgangspunkt sei folgende Bilanz:

Aktiva	Bilanz		Passiva
Fuhrpark	10000,-	Darlehensschuld	10000,-
Geschäftsausstattung	5000,-	Verbindlichkeiten	12000,-
Warenbestand	20000,-	Eigenkapital	34000,-
Forderungen	17000,-		
Kassenbestand	4000,-		
	56000,-		56000,-

Geschäftsvorfälle:

1. Verkauf von Waren gegen bar 2000,- DM
2. Verkauf eines alten Schreibtisches gegen bar 100,- DM
3. Ein Kunde bezahlt eine Rechnung bar 5000,- DM
4. Wir kaufen einen neuen PKW auf Ziel (gegen Schulden) 8000,- DM
5. Wir zahlen 3000,- DM unserer Darlehensschuld bar zurück.

Aufgabe:

1. Korrigieren Sie jeweils die sich ändernden Bilanzposten! Schreiben Sie den neuen Betrag über den durchgestrichenen alten Betrag!
2. Achten Sie auf das Bilanzgleichgewicht! Berichtigen Sie gegebenenfalls die Bilanzsumme!
3. Vergleichen Sie dann Ihre Lösung mit der Musterlösung!

Auflösung der Bilanz in Bestandskonten (Aktiv- und Passivkonten)

Die in Übung 6 praktizierte Methode führt zwar zum richtigen Ergebnis, ist aber in der Praxis nicht durchführbar. Der wichtigste Grund, der gegen diese Methode spricht, ist der Platzmangel auf der Bilanz. Die Lösung unseres Problems basiert auf drei verblüffend einfachen, aber genialen Überlegungen:

1. Wenn ich bei der Ausrechnung einer Aufgabe auf meinem ursprünglichen Blatt keinen Platz mehr habe, weiche ich auf ein zweites Blatt bzw. auf mehrere Konzeptblätter aus.
2. Die Konzeptblätter müssen in derselben Weise aufgemacht sein wie das ursprüngliche Hauptblatt (z. B. ebenfalls Aufmachung in Kontenform), denn ich will ja hier die gleiche Rechnung anstellen, die ich an und für sich auch auf dem Hauptblatt anstellen könnte.
3. Ich muß die Ausgangszahlen vom Hauptblatt auf meine Konzeptblätter übertragen, um überhaupt eine Ausgangsbasis für meine Rechnung zu haben.

In der Sprache des Buchhalters würden sich obige Ausführungen etwa so anhören:
Um die täglichen Geschäftsfälle verbuchen zu können, benötige ich Platz. Dazu löse ich die Bilanz auf in Konten. Für jeden Posten der Bilanz eröffne ich ein eigenes Konto. Dabei gelten folgende wichtigen Grundregeln:

1. Jeder Posten der Bilanz bekommt ein eigenes Konto (= Konzeptblatt). Die linke Seite eines solchen Kontos heißt nicht mehr Aktiva, sondern **Soll**. Die rechte Seite heißt nicht mehr Passiva, sondern **Haben**.

2. Um auf den Konten mit den gegebenen Bilanzbeständen weiterrechnen zu können, müssen die Bestände der Bilanz als Anfangsbestände (AB) auf die Konten übertragen werden. Dabei beachten wir, daß die Konten nur einen Ersatz für die Bilanz darstellen, weil dort kein Platz für Rechnungen mehr ist. **Daraus folgt, daß die Anfangsbestände der Konten auf der gleichen Seite stehen, wo sie auf der Bilanz auch stehen.**
   Dadurch entstehen zwei wichtige

   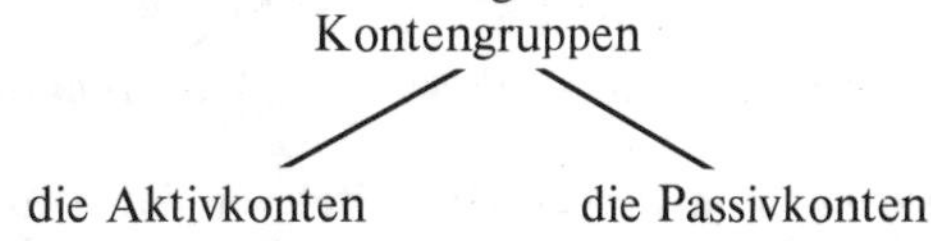

   Die **Aktivkonten** werden abgeleitet von der Aktivseite der Bilanz. Sie haben ihre Anfangsbestände demnach im Soll. Auf den Aktivkonten wird das Vermögen (Faustregel!) aufgezeichnet.
   Die **Passivkonten** werden abgeleitet von der Passivseite der Bilanz. Sie haben ihre Anfangsbestände demnach im Haben! Auf den Passivkonten werden die Schulden und das Eigenkapital (in Zukunft kurz Kapital genannt) aufgezeichnet. Aktivkonten und Passivkonten werden mit dem Überbegriff **Bestandskonten** zusammengefaßt.

3. Veränderungen auf den Konten werden nicht mehr durch Durchstreichen des falschen Betrages korrigiert. Weil jedes Konto zwei Seiten hat, bietet sich eine viel elegantere Korrekturweise (= Buchungsweise) an:
   Zunahmen werden auf der gleichen Seite unter den bereits eingetragenen Anfangsbestand geschrieben und damit zum Bestand addiert.
   Abnahmen werden auf der entgegengesetzten Seite des Bestandes eingetragen und beim Abschluß des Kontos vom Anfangsbestand und den Zugängen abgezogen.

Allen von uns drängt sich hier das bekannte Bild vom Kassenbuch auf, das ja ebenfalls in Soll und Haben, bzw. Einnahmen und Ausgaben aufgeteilt wird. Dieser Vergleich ist einerseits richtig, denn für die Behandlung der Aktivkonten trifft er zu. Andrerseits ist dieser Vergleich sehr gefährlich. Wenn wir ihn verallgemeinern, führt er uns u. U. zu falschen Schlüssen, nämlich immer dann, wenn wir es mit einem Passivkonto zu tun haben. **Hier liegt erfahrungsgemäß die häufigste Fehlerursache, die bei Anfängern vorkommt.**

Zusammenfassend stellen wir fest:

1. **Die Bilanz wird aufgelöst in Konten. Jeder Bilanzposten erhält ein eigenes Konto.**
2. **Wir unterscheiden**

   Die Aktivkonten werden abgeleitet von der Aktivseite der Bilanz. Sie haben ihren Anfangsbestand im Soll.
   Die Passivkonten werden abgeleitet von der Passivseite der Bilanz. Sie haben ihren Anfangsbestand im Haben.
3. **Jedes Konto nimmt auf der Seite zu, auf der sein Anfangsbestand verzeichnet ist. Auf der entgegengesetzten Seite nimmt ein Konto ab.**

Nun lösen wir die Übung 6 noch einmal:

1. Gemeinsamer Ausgangspunkt ist die Bilanz.
2. Diese Bilanz lösen wir auf in Bestandskonten und tragen auf jedem Konto den Anfangsbestand (AB) ein.
3. Jetzt verbuchen wir die folgenden Geschäftsfälle:
   1) Verkauf von Waren gegen bar, 2000,– DM.
   2) Verkauf eines alten Schreibtisches gegen bar um 100,– DM.
   3) Ein Kunde bezahlt eine Rechnung bar über 5000,– DM.
   4) Wir kaufen einen neuen PKW auf Ziel mit 8000,– DM.
   5) Wir zahlen 3000,– DM unserer Darlehensschuld bar zurück.

Anmerkung: Auf jedem Konto werden jeweils die Nummer des Buchungsfalles (sie ersetzt das Datum) und das Gegenkonto angegeben.

Die kontenmäßige Darstellung finden Sie auf Seite 134.

Verweilen wir noch ein wenig bei der Verbuchung der Geschäftsfälle: Wenn Sie die Buchungen aufmerksam verfolgt haben, ist Ihnen sicher aufgefallen, daß immer der gleiche **Betrag einmal im Soll und einmal im Haben verbucht wird. Dadurch bleibt das Gleichgewicht unserer Buchführung stets erhalten.**

Folgende Möglichkeiten der Veränderung sind denkbar:
1. Veränderungen nur auf der Aktivseite. Dabei nimmt ein Aktivkonto zu im Soll, das zweite Aktivkonto nimmt ab im Haben. Diese Veränderungen finden wir in den Fällen (1) bis (3).
2. Die Aktiv- und die Passivseite nehmen um den gleichen Betrag zu. Das Aktivkonto im Soll, das Passivkonto im Haben. Diesen Fall finden wir bei Nummer (4).
3. Die Aktiv- und die Passivseite nehmen um den gleichen Betrag ab. Das Passivkonto im Soll, das Aktivkonto im Haben. Diesen Fall finden wir bei Nummer (5).
4. Eine bis jetzt noch nicht aufgetauchte Möglichkeit ist auch noch denkbar: Veränderungen nur auf der Passivseite der Bilanz. Wenn wir z. B. vorübergehend in Zahlungsschwierigkeiten sind und der Lieferant bereit ist, eine kurzfristige Verbindlichkeit in ein langfristiges Darlehen umzuwandeln, müßte der Buchhalter folgendermaßen buchen:
   Konto Verbindlichkeiten im Soll
   an Konto Darlehensschuld im Haben.

Weitere Möglichkeiten sind ausgeschlossen. Daraus gewinnen wir aber eine ganz wichtige Schlußfolgerung:
Jeder Geschäftsvorfall bewirkt sowohl eine Sollbuchung als auch eine Habenbuchung in gleicher Höhe. Das Bilanzgleichgewicht wird dadurch nicht gestört.
Zum Schluß müssen wir noch eine wichtige Verständigungshilfe für Buchhalter untereinander erwähnen. Ehe man einen Geschäftsfall verbucht, überlegt man sich den sogenannten **Buchungssatz** oder **Kontenanruf**. Dabei gilt die eiserne Regel: Das Sollkonto wird zuerst genannt, danach folgt das Habenkonto. Die Zunahme bzw. Abnahme des Kontos spielt bei dieser Reihenfolge keine Rolle. Die Buchungssätze für unsere fünf Geschäftsfälle würden demnach wie folgt lauten:

1.	Kasse	2000,- DM	an Waren	2000,- DM
2.	Kasse	100,- DM	an Geschäftsausst.	100,- DM
3.	Kasse	5000,- DM	an Forderungen	5000,- DM
4.	Fuhrpark	8000,- DM	an Verbindlichkeiten	8000,- DM
5.	D'Schuld	3000,- DM	an Kasse	3000,- DM

Der Abschnitt über die Auflösung der Bilanz in ihre Bestandskonten ist von grundlegender Bedeutung für den weiteren Verlauf unserer Überlegungen. Vielleicht lesen Sie die darüber gemachten Ausführungen noch einmal durch.

Übung 7 (Lösung Seite 135)

1. a) Was versteht man unter einem Aktivkonto?
   Ableitung der Aktivseite einer Bilanz

   b) Auf welcher Seite haben die Aktivkonten ihren Anfangsbestand?
   Soll

2. a) Was versteht man unter einem Passivkonto?
   Ableitung der Passivseite einer Bilanz

   b) Auf welcher Seite haben die Passivkonten ihren Anfangsbestand?
   Haben

3. Bestimmen Sie, ob folgende Konten Aktiv- bzw. Passivkonten sind!
   a) Kasse A
   b) Forderungen A
   c) Verbindlichkeiten P
   d) Geschäftsausstattung A
   e) Darlehensschulden P
   f) Eigenkapital P
   g) Fuhrpark A

4. An was erkennt man, ob ein Bilanzposten ein Aktivposten ist?
   Vermögen

5. Auf welcher Seite nimmt ein Bestandskonto zu?
   A/B

6. Welche Regel gilt bei der Aufstellung eines Buchungssatzes (Kontenanruf)?

Soll vor Haben

Übung 8 (Lösung Seite 136 f.)

(Sie benötigen dazu ein 32-Konten-Blatt)

a) Erstellen Sie die Bilanz nach folgenden Angaben:

Betriebs- und Geschäftsausstattung (BGA)	7000,– DM
Waren	12000,– DM
Kundenforderungen (Kdf)	6000,– DM
Bankguthaben	2000,– DM
Kassenbestand	800,– DM
Darlehensschuld	3000,– DM
Verbindlichkeiten (Vbk)	6000,– DM
Kapital	?

b) Lösen Sie die Bilanz auf in die einzelnen Bestandskonten und tragen Sie die jeweiligen Anfangsbestände ein!

c) Bilden Sie die Buchungssätze für folgende Geschäftsvorfälle:

1.	Warenverkauf auf Ziel	800,– DM
2.	Banküberweisung an Lieferer	1200,– DM
3.	Kunde überweist auf unser Bankkonto	1250,– DM
4.	Barabhebung bei der Bank	500,– DM
5.	Barverkauf eines gebr. Schreibtisches	250,– DM
6.	Barkauf einer Schreibmaschine	750,– DM
7.	Banküberweisung an Lieferer	1100,– DM
8.	Tilgung am Darlehen durch Banküberweisung	1000,– DM
9.	Wareneinkauf auf Ziel	1500,– DM
10.	Ein Kunde zahlt seine Rechnung bar	600,– DM

d) Verbuchen Sie die in (c) gebildeten Buchungssätze auf den eröffneten Konten (Keine Buchung ohne Datum! Das Datum wird in unserem Falle ersetzt durch die Nummer des Buchungssatzes. Keine Buchung ohne Angabe des Gegenkontos).

(Lösung zu Punkt d siehe Seite 137)

Die Erfolgskonten und ihr Abschluß

Wir haben bis jetzt immer nur Geschäftsfälle untersucht und verbucht, bei denen sich bei der Soll- bzw. Habenbuchung stets beide Male ganz klare Bestandsveränderungen ergeben haben. Zur Verdeutlichung sei noch einmal ein Beispiel angeführt:

Vorgang: Kauf von Waren gegen Barzahlung
Veränderungen: Der **Bestand** an Waren nimmt zu
Der **Bestand** der Kasse nimmt ab
Buchungssatz: Waren an Kasse

Dem stellen wir folgenden Geschäftsfall gegenüber:
Wir bezahlen 200,- DM bar für eine Werbeanzeige in der Zeitung.
Was ist hier passiert? Auch hier haben wir auf alle Fälle zunächst einmal eine Bestandsveränderung, nämlich die Abnahme der Kasse im Haben. Wo ist aber die Sollbuchung unterzubringen? Nun, Sie werden es bereits erraten haben. Der Buchungssatz heißt in diesem Fall sinngemäß:

Kapital an Kasse

Damit wurde zum ersten Mal auf dem Kapitalkonto eine Buchung vorgenommen. Unsere bisherige Buchungsregel ist deshalb nicht ungültig, sondern wird aufs neue bestätigt. Denn diese Sollbuchung bedeutet ja im Grunde genommen ebenfalls eine Bestandsveränderung, nämlich eine Kapitalminderung. Nur bezeichnen wir eine solche Bestandsminderung des Eigenkapitals als Aufwand. Etwas anders ausgedrückt können wir sagen: Unter Aufwendungen verstehen wir den Verbrauch (Verzehr) von Gütern (in unserem Beispiel Geld) und Diensten während eines Abrechnungszeitraumes. Jeder Kaufmann muß zunächst in seinem Betrieb Opfer bringen, damit später Erträge erwirtschaftet werden können. Diese Opfer (= Aufwendungen) muß er letzten Endes aus eigener Tasche bezahlen. Die Tasche des Geschäftsinhabers heißt in der Buchführung aber **Kapitalkonto.**

Umgekehrt ist es aber auch der Geschäftsinhaber mit seinem Kapitalkonto, der die anfallenden Erträge einschiebt. Ein Beispiel soll uns dies verdeutlichen:

Die Bank schreibt unserem Konto 100,– DM Zinsen gut. Der Buchungssatz in diesem Fall lautet sinngemäß:

Bank an Kapital

Es handelt sich hier um eine Bestandsvermehrung des Eigenkapitals, die wir als Ertrag bezeichnen. Etwas anders ausgedrückt können wir sagen: Erträge sind alle erstellten Güter und Dienstleistungen.

Zusammenfassend stellen wir fest:

1. **Auch auf dem Kapitalkonto gibt es Bestandsminderungen, die z. B. durch Aufwendungen verursacht werden.**
2. **Auch auf dem Kapitalkonto gibt es Bestandsmehrungen, die z. B. durch Erträge verursacht werden.**
3. **Der Überbegriff für Aufwendungen und Erträge heißt Erfolg. Aufwendungen sind demnach negative Erfolge. Erträge sind positive Erfolge. Wir können uns das Gesagte an einer kleinen Skizze verdeutlichen:**

Erfolge

Aufwendungen verursachen Kapitalminderungen | **Erträge verursachen Kapitalmehrungen**

Übung 9 (Lösung Seite 137 f.)

a) Erstellen Sie eine Bilanz nach folgenden Angaben:

Kassenbestand	1000,– DM
Bankguthaben	5000,– DM
Eigenkapital	6000,– DM

b) Lösen Sie die Bilanz auf in Konten:

c) Verbuchen Sie folgende Geschäftsfälle, wobei Sie sinngemäß die Aufwendungen als Kapitalminderung betrachten und Erträge als Kapitalmehrung ansehen.

1. Barzahlung für Zeitungsanzeige aus Anlaß der baldigen Geschäftseröffnung	290,– DM
2. Kauf von Büromaterial mit Bankscheck	500,– DM
3. Banküberweisung für Geschäftsmiete	600,– DM
4. Gutschrift der Bank für Zinsen	250,– DM
5. Barkauf von Briefmarken	40,– DM

Ein kleiner, aber wichtiger Einschub:

Das Saldieren eines Kontos

Das Kapitalkonto aus Übung 9 sieht nach Verbuchung der Geschäftsfälle folgendermaßen aus:

S	Kapital		H
1. Kasse	290,-	AB	6000,-
2. Bank	500,-	4. Bank	250,-
3. Bank	600,-		
5. Kasse	40,-		

(AB = Abkürzung für Anfangsbestand)

Uns interessiert jetzt natürlich das **Endkapital**. Dazu müssen wir das Konto saldieren, d. h. wir müssen den Überschuß errechnen. Der rechnerische Weg ist äußerst einfach und läßt sich in folgende Teilschritte zerlegen:

① Ermittlung der größeren Kontoseite.
(In unserem Fall = Habenseite)

② Addieren dieser größeren Seite.
(In unserem Fall = 6250,- DM)

③ Übertragen der Summe auf die kleinere Seite.
(In unserem Fall die Sollseite)

④ Addieren der kleineren Seite mit gleichzeitigem Ergänzen zur Summe.
Der Saldo (= Überschuß der größeren Seite, in unserem Fall = 4820,- DM) wird auf der kleineren Seite eingetragen. Damit gleicht sich das Konto aus. Das bedeutet, daß das Konto abgeschlossen ist. Natürlich muß der eingetragene Saldo gegengebucht werden. Doch darüber erfahren wir noch mehr im nächsten Abschnitt.

Bei unserem Kapitalkonto sieht der Abschluß wie folgt aus:

S	Kapital		H
1. Kasse	290,-	AB	6000,- ①
2. Bank	500,-	4. Bank	250,-
3. Bank	600,-		
5. Kasse	40,-		
④ **Saldo**	**4820,-**		
③	**6250,-**		**6250,-** ②

Der Saldo entspricht unserem Endkapital.

Dieser kleine Einschub über das Saldieren eines Kontos war wichtig für unsere weiteren Überlegungen.

Die Einrichtung von Erfolgskonten

Doch nun kehren wir wieder zurück zu unseren Aufwands- und Ertragsbuchungen. In Übung 9 haben wir alle diese Buchungen über das Kapitalkonto laufen lassen. Das ist zwar gedanklich richtig, reicht aber in der erzielten Aussagekraft nicht aus. Der Kaufmann stellt an seine Buchführung größere Anforderungen. Auf Seite 7 haben wir gefordert, daß die Buchführung das Betriebsgeschehen überwachen soll. Dazu ist aber erforderlich, daß man die Aufwendungen und Erträge nach Arten einzeln erfaßt. Erst dann ist eine wirkungsvolle Kontrolle möglich. Ich will z. B. auf Anhieb aus der Buchführung ablesen können, wieviel Bürokosten ich im letzten Jahr hatte, wieviel ich für Löhne ausgeben mußte, wie teuer meine Aufwendungen für die Geschäftsmiete waren usw. Diese Aufgliederung der einzelnen Aufwands- und Ertragsarten erreicht man folgendermaßen:

1. Aufwendungen und Erträge werden nicht mehr direkt über das Kapitalkonto gebucht. **Das Kapitalkonto bleibt das ganze Jahr über gesperrt!**
2. Anstelle des Kapitalkontos errichtet man Ersatzkonten, auch Unterkonten des Kapitalkontos genannt. Man nennt sie auch **Erfolgskonten.**
3. Diese Erfolgskonten sind als Ersatz für das gesperrte Kapitalkonto eingerichtet worden. Das bedeutet, daß für die Erfolgskonten dieselben Buchungsregeln gelten wie für das Kapitalkonto:

   Kapitalminderungen werden im Soll gebucht
   Kapitalmehrungen werden im Haben gebucht

   Man kann sich den Vorgang auch an Hand einer Faustregel merken:

   Aufwendungen und Verluste stehen **l**inks
   Erträge stehen **r**echts
4. Jeder Buchhalter kann sich für jede Aufwands- bzw. Ertragsart, die er gesondert überwachen will, ein eigenes Erfolgskonto einrichten. Damit kann die Buchführung den Erfordernissen der einzelnen Betriebe angepaßt werden.

Zum Schluß sei noch kurz auf den Unterschied zwischen Aufwand und Verlust eingegangen. Unter Aufwand versteht der

Betriebswirt jeden Güter- und Dienstleistungsverzehr im Hinblick auf die Erzielung eines Ertrages. Z. B. der Werbeaufwand macht sich später durch höhere Verkaufsumsätze wieder bezahlt. Verlust ist Güter- und Dienstleistungsverzehr, dem später kein Ertrag nachfolgt, z. B. entsteht ein Verlust durch einen Brand im Warenlager. Buchungstechnisch ist die Unterscheidung zwischen Aufwand und Verlust bedeutungslos.

Nach all dem Gesagten verbuchen wir die Geschäftsfälle unserer Übung 9 noch einmal. Diesmal benützen wir die dazu benötigten Erfolgskonten.

Anleitung

(Benützen Sie ein 32-Konten-Blatt)

a) Ausgangspunkt ist die Bilanz und die Eröffnung der Bestandskonten mit ihren Anfangsbeständen.
b) Zur Verbuchung der Geschäftsfälle müssen wir folgende Erfolgskonten einrichten:
   1. Konto Werbe- und Reisekosten
   2. Konto allgemeine Verwaltungskosten (AVK)
   3. Konto Miete für Geschäftsräume (abgekürzt: Geschäftsraumkosten = GRK)
   4. Konto Zinserträge

Versuchen Sie die Übung selbständig zu lösen!

Der Abschluß der Erfolgskonten

Durch die Aufteilung der Buchungen auf die einzelnen Erfolgskonten ergibt sich am Ende des Abrechnungszeitraumes ein grundlegendes Problem: Wie kann in diesem Fall das Endkapital ermittelt werden? Es geht hier also um den Abschluß der Erfolgskonten. Dazu müssen wir folgende Punkte beachten:

1. Die Erfolgskonten sind Unterkonten (Ersatzkonten) des Kapitals.
2. Am Ende des Abrechnungszeitraumes geben diese Ersatzkonten ihre verrechneten Überschüsse (= Salden) an das Hauptkonto ab.

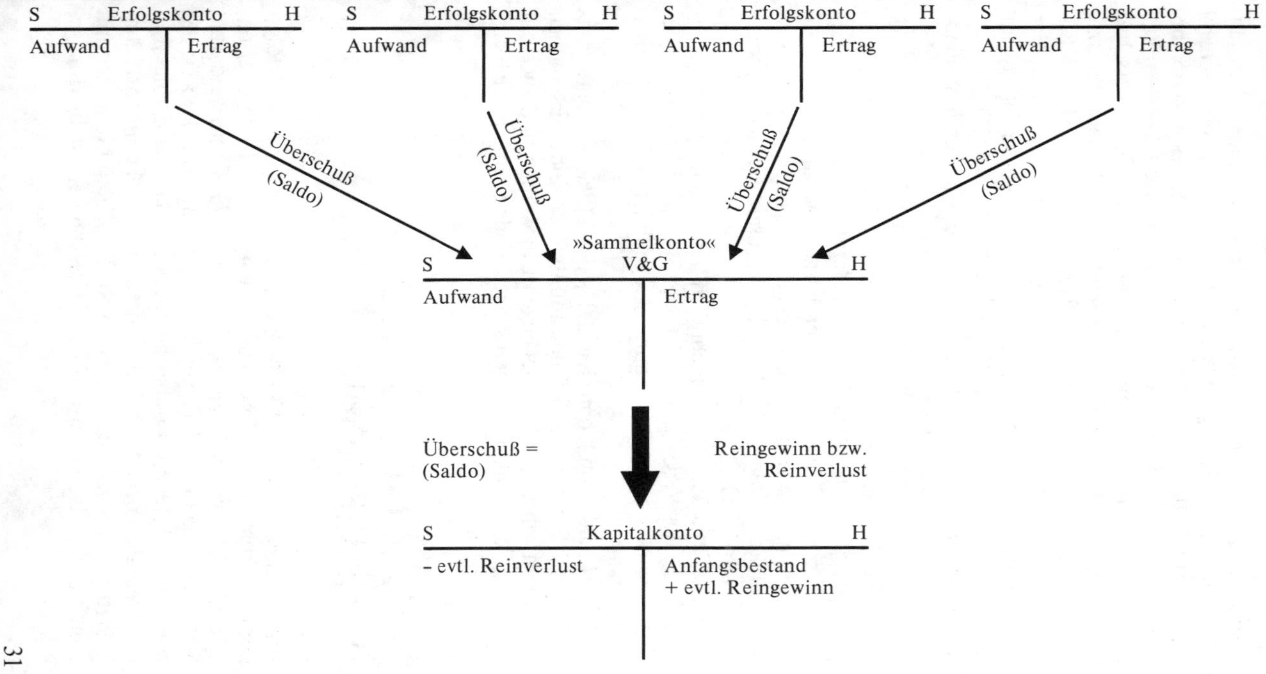
S Erfolgskonto H
Aufwand
Ertrag
S Erfolgskonto H
Aufwand
Ertrag
S Erfolgskonto H
Aufwand
Ertrag
S Erfolgskonto H
Aufwand
Ertrag
Überschuß (Saldo)
Überschuß (Saldo)
Überschuß (Saldo)
Überschuß (Saldo)
»Sammelkonto«
S V&G H
Aufwand
Ertrag
Überschuß =
(Saldo)
Reingewinn bzw.
Reinverlust
S Kapitalkonto H
- evtl. Reinverlust
Anfangsbestand
+ evtl. Reingewinn

3. Der in (2) genannte Schritt geschieht über einen Umweg: Zwischen den Erfolgskonten und dem Kapitalkonto schiebt sich ein Auffangs- oder Sammelkonto ein, das **V&G-Konto** (= Verlust- und Gewinnkonto). Hier werden alle Aufwendungen und Erträge miteinander verrechnet. Der Überschuß (= Saldo) des V&G-Kontos bedeutet den Reingewinn bzw. den Reinverlust in einer Zahl. Dieser Betrag wird dem Kapitalkonto gutgeschrieben bzw. belastet. Zum besseren Verständnis des bisher Gesagten diene die kleine Skizze auf Seite 31.
4. Die technische Durchführung geschieht folgendermaßen:
   a) Saldieren der einzelnen Erfolgskonten (siehe den kleinen Einschub auf Seite 28).
   b) Die Eintragung unserer Salden auf den Erfolgskonten bringt aber die Buchführung aus dem Gleichgewicht. Dieses Gleichgewicht wird wieder hergestellt, indem man auf demjenigen Konto gegenbucht, auf das der Saldo weitergeleitet werden soll. Dies ist in unserem Fall das Sammelkonto V&G.
   c) Die miteinander verrechneten Aufwendungen und Erträge des V&G-Kontos, d. h. der Saldo von V&G, wird wiederum weitergeleitet durch Gegenbuchung auf das Kapitalkonto.
   d) Der Saldo von Konto Kapital bedeutet das gesuchte Endkapital. Auch dieser Saldo muß später selbstverständlich beim Jahresabschluß gegengebucht werden, und zwar auf der Schlußbilanz. Näheres dazu finden wir im nächsten Kapitel.

Weitere Grundzüge der Abschlußtechnik

Im vorhergehenden Kapitel haben wir gesehen, wie die Erfolgskonten während des Jahres auftauchen und am Ende über das V&G-Konto abgeschlossen werden. Das V&G-Konto wiederum gibt seinen Saldo (= Reingewinn bzw. Reinverlust) ab an das Kapitalkonto. Damit ist aber auch erklärt, daß die Erfolgskonten niemals einen Anfangsbestand aufweisen können, da ihre Salden beim Abschluß letztlich vom Kapitalkonto aufgenommen werden. Der Kreislauf der Erfolgskonten ist hiermit geschlossen.

Übung 10 (Lösung Seite 139 f.)

(Benützen Sie dazu ein 32-Konten-Blatt)

1. Erstellen Sie eine Eröffnungsbilanz unter Berücksichtigung folgender Angaben:

Kassenbestand	2000,- DM
Bankguthaben	3000,- DM
Darlehensforderungen	10000,- DM
Darlehensschulden	5000,- DM
Kapital	?

2. Eröffnen Sie die Bestandskonten und übernehmen Sie die Anfangsbestände aus der Eröffnungsbilanz.
3. Eröffnen Sie folgende Erfolgskonten: Personalkosten, GRK, Werbe- und Reisekosten, AVK, Zinsaufwendungen- und erträge. V&G-Konto und das Konto Privat.
4. Verbuchen Sie folgende Geschäftsvorfälle:

1.	Barkauf von Büromaterial	100,- DM
2.	Überweisung für Geschäftsmiete	500,- DM
3.	Überweisung für Darlehenszinsen	400,- DM
4.	Gutschrift der Bank für Zinsen	150,- DM
5.	Barzahlung für Büroreinigung	50,- DM
6.	Eingang der Zinsen für unsere Darlehensforderung auf Bankkonto	800,- DM
7.	Zahlung von Löhnen und Gehältern	1000,- DM
8.	Privatentnahme des Inhabers durch Bankscheck	500,- DM
9.	Bareinlage des Inhabers	600,- DM
10.	Überweisung für Reklamekosten	170,- DM

5. Ermitteln Sie das Endkapital durch Abschluß der Erfolgskonten!

Anmerkung:

Das Konto Privat macht eine Ausnahme. Es wird direkt über Konto Kapital abgeschlossen, macht also nicht den Umweg über das V&G-Konto.

Begründung: Das V&G-Konto muß u. U. bei Kreditverhandlungen dem Sachbearbeiter auf der Bank vorgelegt werden. Dieser soll aber über die Privatentnahmen des Inhabers nicht unterrichtet werden.

Was geschieht aber mit dem Saldo auf dem Bestandskonto Kapital, den wir in Übung 10 als Endkapital bezeichnet haben und der in unserem Fall 8830,– DM beträgt? Und was geschieht mit den übrigen Bestandskonten, die wir auf Grund der Eröffnungsbilanz eröffnet haben und auf die während des Jahres ebenfalls gebucht worden ist?

In Übung 10 sind es folgende Bestandskonten:
Kasse, Bank, Darlehensforderungen, Darlehensschulden, Kapital. Auch diese Bestandskonten müssen am Jahresende abgeschlossen werden.

Die Lösung ist verhältnismäßig einfach, wenn wir folgende Überlegungen anstellen:

1. Die Anfangsbestände der Bestandskonten, die wir der Eröffnungsbilanz entnommen haben, stammen letzten Endes von der Inventur zu Beginn der Abrechnungsperiode.
2. Diese Anfangsbestände sind während des Jahres durch die täglichen Buchungen immer korrigiert und auf den laufenden Stand gebracht worden. Das bedeutet, daß die Salden auf den Bestandskonten den neuen Inventurbeständen am Ende der Abrechnungsperiode entsprechen müssen.
3. Der eigentliche Abschluß der Bestandskonten erfolgt demnach wie folgt:
   a) Am Schluß der Abrechnungsperiode machen wir wieder Inventur.
   b) Aus den so ermittelten Schlußbeständen fertigen wir in der gewohnten Weise eine Bilanz. Es ist diesmal die **Schlußbilanz**.
   c) Die Kontrolle unserer Buchführung ergibt sich daraus, daß die Inventurbestände den Salden der entsprechenden Bestandskonten entsprechen müssen. Anders ausgedrückt: Wenn wir die Schluß-Inventurwerte der Bilanzposten auf den entsprechenden Bestandskonten gegenbuchen, muß sich das betreffende Bestandskonto auflösen. Das Konto ist somit abgeschlossen.

Verdeutlichen wir uns das Gesagte an dem Kassenkonto der Übung 10:

1. Anfangsbestand laut Inventur zu Beginn der Abrechnungsperiode (entnommen aus der Eröffnungsbilanz) = 2000,– DM.
2. Buchungen während der Abrechnungsperiode:

	Tag	DM Soll	DM Haben
Kassenzugang	9.	600,-	
Kassenausgänge	1.		100,-
	5.		50,-
	7.		1000,-

3. Schlußbestand der Kasse laut Inventur am Ende der Abrechnungsperiode (durch Zählen festgestellt): 1450,- DM.

Anmerkung:
a) Dieser Schlußbestand erscheint auf der Aktivseite der Schlußbilanz.
b) Durch Gegenbuchung auf Konto Kasse im Haben erfolgt die Kontrolle. Konto Kasse muß sich jetzt ausgleichen. Mit anderen Worten: Der Saldo des Bestandskontos Kasse entspricht dem Kassenschlußbestand.

Kontenmäßige Darstellung:

S	Kasse		H
AB	2000,-	1.	100,-
9.	600,-	5.	50,-
		7.	1000,-
		S'Bil.	**1450,-**
	2600,-		2600,-

A	Schlußbilanz	P
Kasse	**1450,-**	

Zusammenfassend stellen wir über die Behandlung der Bestandskonten fest:

1. **Am Anfang der Abrechnungsperiode werden die Bestandskonten mit dem Anfangsbestand eröffnet, der der Eröffnungsbilanz entnommen wird. Die Werte der Eröffnungsbilanz wiederum entstammen der Inventur zu Beginn der Abrechnungsperiode.**
2. **Während des Jahres werden die Bestandskonten durch die täglichen Buchungen korrigiert und auf den laufenden Stand gebracht.**
3. **Am Ende der Abrechnungsperiode macht man wieder eine Inventur. Sie ergibt die Werte für die Schlußbilanz. Durch Gegenbuchung der Posten der Schlußbilanz auf den entsprechenden Konten erfolgt die Kontrolle. Der Saldo des jeweiligen Bestandskontos muß dem Schlußbestand entsprechen. Damit ist das entsprechende Konto abgeschlos-**

Schematische Darstellung des Buchführungsablaufes

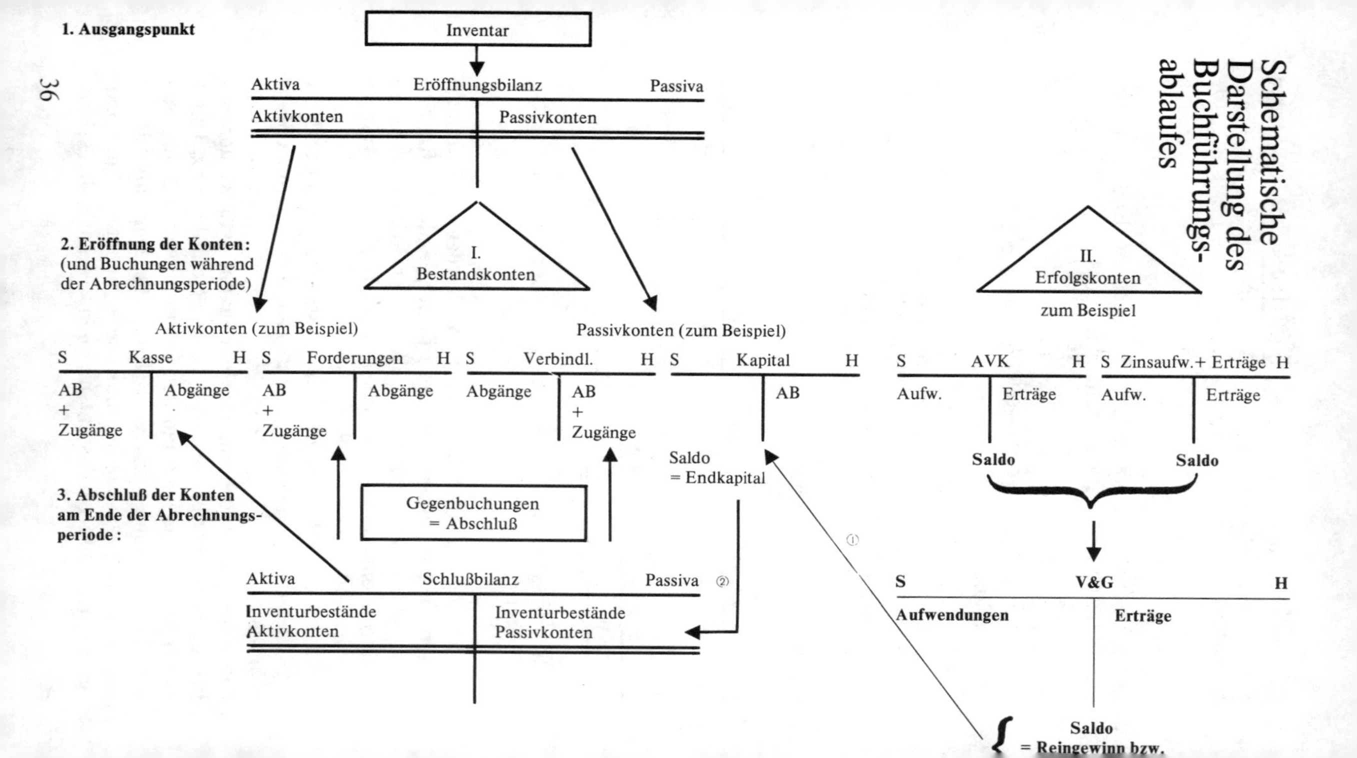

sen. In der Umgangssprache des Buchhalters spricht man in diesem Zusammenhang auch davon, daß die Bestandskonten über die Schlußbilanz »absaldiert« werden (während die Salden der Erfolgskonten ja auf Konto V&G weitergeleitet werden).

4. a) Eine Ausnahmerolle fällt dem Kapitalkonto zu: Es muß zuerst den Saldo des V&G-Kontos aufnehmen.

b) Das auf diese Weise um den Gewinn vermehrte bzw. um den Verlust verminderte Kapitalkonto wird ebenfalls über die Schlußbilanz abgeschlossen.

Damit löst sich das Rätsel von Übung (10) auf. Der mit Endkapital bezeichnete Saldo des Kapitalkontos muß auf Konto Schlußbilanz im Passiva gegengebucht werden. Durch diese Schlußbuchung gleicht sich die Schlußbilanz aus.

Zum Abschluß dieses Kapitels wollen wir sämtliche Bestandskonten der Übung (10) abschließen. Voraussetzung dafür ist die Aufstellung eines Inventars. In unserem Fall ergeben sich am Schluß der Abrechnungsperiode folgende Schlußbestände:

Kassenbestand	1450,- DM
Bankguthaben	2380,- DM
Darlehensforderung	10000,- DM
Darlehensschulden	5000,- DM

Kapital: Das Kapitalkonto wird durch den Abschluß des V&G-Kontos um 1270,- DM vermindert und durch den Abschluß des Privatkontos um 100,- DM vermehrt. Dies entnehmen wir der Lösung zu Übung 10 (Seite 139).
Die kontenmäßige Darstellung sehen Sie auf Seite 140.

Das geteilte Warenkonto

In den vorausgegangenen Kapiteln haben wir den Unterschied zwischen Bestandskonten und Erfolgskonten kennengelernt (siehe auch Schema auf Seite 36). Dabei haben wir gesehen, daß die Bestandskonten ihren Anfangsbestand von der Eröffnungsbilanz übernehmen, während des Abrechnungszeitraumes durch die laufenden Buchungen korrigiert werden und am Ende der Abrechnungsperiode abgeschlossen werden, indem der Schlußbestand von der Schlußbilanz auf dem betreffenden Bestandskonto gegengebucht wird (vergleiche dazu den Abschluß der Bestandskonten von Übung 10).

Überlegen wir uns jetzt einmal folgenden Fall:

1. Kauf von 100 Aschenbechern zu je 1,– DM = 100,– DM gegen bar. **Buchungssatz:** Waren 100,– an Kasse 100,–
2. Verkauf derselben 100 Aschenbecher zu je 1,50 DM = 150,– DM, bar. **Buchungssatz:** Kasse 150,– an Waren 150,–
3. Schlußbestand laut Inventur: 0 Stück
   Demnach erscheint kein Posten »Waren« auf der Schlußbilanz, und deshalb gibt es auch keine Gegenbuchung auf Konto »Waren«.
4. Nach unserer bisherigen Regel müßte sich das Konto Waren jetzt ausgleichen. Dies ist aber nicht der Fall: Das Konto ist vielmehr im Haben um 50,– DM größer als im Soll.

Kontenmäßige Darstellung:

Anmerkung: In der Kasse wird ein Anfangsbestand von 200,– DM angenommen.

S Waren	H
1. 100,–	2. 150,–
	3. 0,–
4. Saldo 50,–?	

S Kasse	H
AB 200,–	1. 100,–
2. 150,–	

S Schlußbilanz	H
3. Schlußbestand 0,–	

Dieser Saldo von 50,– DM auf unserem Warenkonto ist sehr einfach zu erklären: **Er rührt daher, daß dieselbe Ware auf demselben Konto zu verschiedenen Preisen gebucht wurde.** Beim Einkauf haben wir zu Einkaufspreisen gebucht (100 Stück zu je 1,– DM). Beim Verkauf haben wir zu Verkaufspreisen gebucht (100 Stück zu je 1,50 DM). Der Saldo von 50,– DM ist unser Rohüberschuß. Er stellt einen Ertrag dar und muß deshalb über Konto V&G abgeschlossen werden.

Damit ist aber unser Warenkonto ein **gemischtes Konto**. Es enthält sowohl Bestände (Einkauf von 100 Stück zu Einkaufspreisen) als auch Erträge (Verkauf von 100 Stück zu Verkaufspreisen). Für die Praxis ist ein solches Konto nicht geeignet. Die Verbuchung derselben Ware zu verschiedenen Währungen:

1. Währung = DM-Einkaufspreise
2. Währung = DM-Verkaufspreise

auf dem gleichen Konto ist unübersichtlich.

Aus diesem Grunde hat man folgende Lösung gefunden: Das Warenkonto wird sozusagen in der Mitte auseinandergerissen und in zwei Hälften aufgeteilt. Beide Hälften regenerieren wieder zu einem vollständigen Konto mit Soll- und Habenseite. Die beiden Konten heißen jetzt

Wareneinkaufskonto und **Warenverkaufskonto**

Schematische Darstellung:

S	ungeteiltes Warenkonto	H
Anfangsbestand + Einkauf zu Einkaufspreisen		Verkauf zu Verkaufspreisen

durch Aufteilung erreicht man:

S	Wareneinkauf	H
Anfangsbestand + Einkauf zu Einkaufspreisen		

S	Warenverkauf	H
		Verkauf zu Verkaufspreisen

Das **Wareneinkaufskonto** ist als **Bestandskonto** aufzufassen. Denken Sie sich die Veränderungen immer in Stückzahlen oder in kg. Das Wareneinkaufskonto kann **im Soll** enthalten:

1. Den Anfangsbestand an Waren als Ausgangspunkt aller weiteren Berechnungen.
2. Die Wareneinkäufe (Zugänge).
3. Die Bezugskosten (sie sind aufzufassen als nachträgliche Verteuerung des Einkaufspreises).

Das Wareneinkaufskonto kann im Haben enthalten:

1. Rücksendungen von Waren an die Lieferer.

2. Preisnachlässe der Lieferer (= aufzufassen als nachträgliche Verbilligung des Einkaufspreises).

Anmerkung:
Für vom Lieferanten gewährte Skonti-Abzüge wird im Großhandel häufig ein eigenes Erfolgskonto **Liefererskonti** geführt, obwohl man diese Skontiabzüge sinngemäß ebenfalls im Haben auf dem Wareneinkaufskonto buchen könnte.

Das **Warenverkaufskonto** ist als **Erfolgskonto** aufzufassen, denn durch die Warenverkäufe zu Verkaufspreisen erzielt der Kaufmann seinen Ertrag.

Das Warenverkaufskonto enthält **im Haben:**
1. Die Warenverkäufe.

Das Warenverkaufskonto kann **im Soll** enthalten:
1. Warenrücksendungen von Kunden.
2. Preisnachlässe, an Kunden gewährt.
3. Verkaufssonderkosten (Erlösschmälerungen).

Anmerkung:
Für die vom Kunden abgezogenen Skontibeträge wird im Großhandel häufig ein eigenes Erfolgskonto **Kundenskonti** geführt.

Bei unseren bisherigen Überlegungen sind wir davon ausgegangen, daß unser Kaufmann sämtliche 100 Aschenbecher verkauft hat, also am Ende der Abrechnungsperiode keinen Schlußbestand an Waren hatte. Diese mehr theoretische Überlegung wollen wir jetzt noch etwas ergänzen. Dazu wollen wir unsere »Aschenbechergeschichte« wie folgt umwandeln:

Beispiel für Buchungen auf geteilten Warenkonten mit Warenschlußbestand:

Vorgang:
1. Einkauf von 100 Aschenbechern zu je 1,- DM = 100,- DM gegen bar.
2. Verkauf von 80 Aschenbechern zu je 1,50 DM = 120,- DM gegen bar.
3. Schlußbestand an Aschenbechern: 20 Stück zu je 1,- DM = 20,- DM

Anmerkung: Der Warenschlußbestand wird immer zu Einstandspreisen bewertet, da ja die Realisierung des Verkaufs zu Verkaufspreisen nicht gewiß ist.

Verbuchung:
① Wareneinkauf (WE) 100,- DM an Kasse 100,- DM
② Kasse 120,- DM an Warenverkauf 120,- DM
Abschlußbuchungen:
(Bitte beachten Sie die eingehaltene Reihenfolge!)
③ Verbuchung des Warenschlußbestandes nach unserer alten Regel:
Schlußbilanz 20,- DM an Wareneinkauf 20,- DM

Was wurde auf unserem Wareneinkaufskonto damit erreicht? Es entsteht im Soll ein Überschuß von 80,- DM. Diese Zahl ist von ganz großer Bedeutung. Es handelt sich hier um **die verkaufte Ware zu Einstandspreisen**. Der Buchhalter spricht in diesem Zusammenhang auch vom sogenannten **Wareneinsatz**. Für die Kalkulation ist diese Zahl später ebenfalls von grundlegender Wichtigkeit. Deshalb überlegen wir uns den Fall noch einmal:
a) Wir haben für 100,- DM Waren eingekauft.
b) Von diesem Bestand sind noch für 20,- DM Waren vorhanden.
c) Der Rest (= 80,- DM) wurde folglich verkauft.

Der Wareneinsatz bedeutet das vom Kaufmann für die verkaufte Ware aufgewendete Geld. Unser Kaufmann hat für die verkauften Aschenbecher 80,- DM aufgewendet. Alle Aufwendungen werden aber auf dem V&G-Konto gesammelt. Damit ergibt sich unsere nächste Abschlußbuchung:
④ V&G-Konto 80,- DM an Wareneinkaufskonto (WE) 80,- DM.
Dem Aufwand von 80,- DM Einstandspreisen steht aber auf Konto Warenverkauf ein Ertrag von 120,- DM gegenüber. Es handelt sich ja hier um dieselben Aschenbecher, nur diesmal zu Verkaufspreisen gebucht. Oben haben wir schon festgestellt, daß das Warenverkaufskonto ein Erfolgskonto ist. Es muß demnach über V&G-Konto abgeschlossen werden:
⑤ Warenverkauf 120,- DM an V&G-Konto 120,- DM.

Betrachten wir zum Schluß unser V&G-Konto, so ergibt sich hier ein Ertragsüberschuß von 40,- DM, der mit unserer Rechnung übereinstimmt (80 Aschenbecher werden mit je -,50 DM Aufpreis verkauft = 40,- DM Ertragsüberschuß).

Kontenmäßige Darstellung:

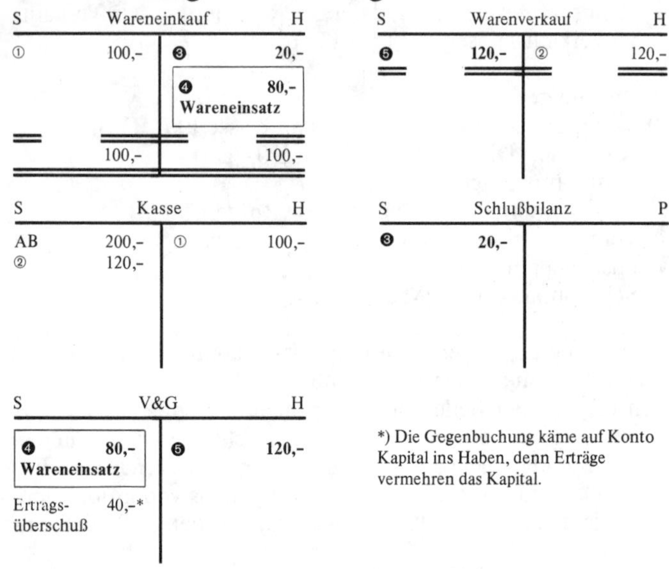

S V&G H

❹ 80,- Wareneinsatz | ❺ 120,-

Ertrags-überschuß 40,-*

*) Die Gegenbuchung käme auf Konto Kapital ins Haben, denn Erträge vermehren das Kapital.

Schematische Darstellung:

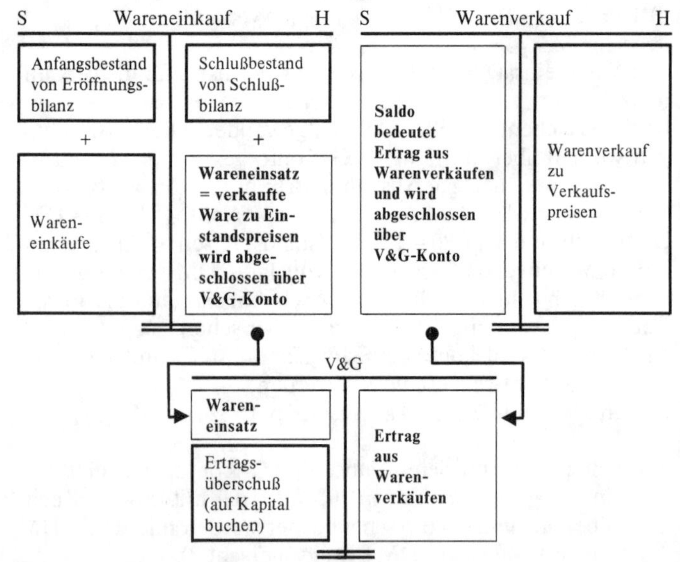

Zusammenfassend stellen wir fest:

1. a) **Das Wareneinkaufskonto ist grundsätzlich als Bestandskonto aufzufassen. Nur beim Abschluß des Wareneinsatzes über V&G-Konto hat es den Charakter eines Erfolgskontos.**
   b) **Das Wareneinkaufskonto steht immer bei den Buchungen im Verkehr mit den Lieferanten.**
   c) **Auf dem Wareneinkaufskonto verbucht man die Ware zu Einkaufspreisen.**
2. a) **Das Warenverkaufskonto ist als Erfolgskonto aufzufassen.**
   b) **Das Warenverkaufskonto steht immer bei den Buchungen im Verkehr mit den Kunden.**
   c) **Auf dem Warenverkaufskonto verbucht man die Ware zu Verkaufspreisen.**
3. **Der Abschluß der Warenkonten:**
   a) **Wichtigste Voraussetzung ist die Ermittlung des Warenschlußbestandes durch die Inventur.**
   b) **Anschließend verbuchen wir den Schlußbestand:**
   Schlußbilanz an Wareneinkauf.
   c) **Jetzt können wir Konto Wareneinkauf saldieren. Der Saldo entspricht dem Wareneinsatz und wird über V&G-Konto abgeschlossen:**
   V&G-Konto an Wareneinkauf
   d) **Das Erfolgskonto Warenverkauf schließen wir jetzt ebenfalls über V&G-Konto ab:**
   Warenverkauf an V&G-Konto

Übung 11 (Lösung Seite 141 ff.)

Kleiner Geschäftsgang mit geteilten Warenkonten. Benützen Sie für die Verbuchung ein 32-Konten-Blatt!

I. Werte der Eröffnungsbilanz:

Kassenbestand 10000,- DM
Eigenkapital 10000,- DM

1. Erstellen Sie die Eröffnungsbilanz!
2. Eröffnen Sie die beiden Konten mit ihren Anfangsbeständen!
3. Außerdem benötigen Sie noch folgende Konten, die Sie vor Beginn Ihrer Verbuchungen anlegen:

Betriebs- und Geschäftsausstattung (BGA), Kundenforderungen (Kdf), Bank, Verbindlichkeiten, Privat, Wareneinkauf (WE), Liefererskonti (L'SK), Warenverkauf, Kundenskonti (K'SK), V&G, Schlußbilanz.

II. Geschäftsfälle:

1.	Kauf einer Geschäftsausstattung gegen bar	3000,- DM
2.	Einlage bei der Bank	2000,- DM
3.	Kauf von Waren auf Ziel	1000,- DM
4.	Barzahlung der Fracht für die obige Sendung	25,- DM
5.	Verkauf von Waren auf Ziel	800,- DM
6.	Unser Lieferer gewährt einen Preisnachlaß von	40,- DM
7.	Überweisung unseres Kunden	

Rechnungsbetrag	800,- DM
- 2% Skonto	16,- DM*
Überweisung	784,- DM

*) Konto Kundenskonti

8.	Überweisung an Lieferer	900,- DM
9.	Kauf von Waren auf Ziel	500,- DM
10.	Verkauf von Waren auf Ziel	1400,- DM
11.	Überweisung an unseren Lieferer	

Rechnungsbetrag	500,- DM
- 2% Skonto	10,- DM**
Überweisung	490,- DM

**) Konto Liefererskonti

12.	Vereinbarungsgemäß schickt unser Kunde beanstandete Waren zurück	25,- DM
	Außerdem erhält unser Kunde einen Preisnachlaß von	50,- DM
13.	Unser Lieferer gewährt uns einen Preisnachlaß auf Grund unserer Mängelrüge	60,- DM
14.	Verkauf von Waren auf Ziel	650,- DM
15.	Privatentnahme von Waren (über Konto Warenverkauf!)	100,- DM

Verbuchen Sie diese Geschäftsfälle auf die von Ihnen eröffneten Konten!

Anmerkung:
Bei den Geschäftsfällen Nr. 7 und Nr. 11 ergeben sich sogenannte zusammengesetzte Buchungssätze, d. h., daß z. B. bei

Nr. 7 im Soll zwei Konten gebucht werden müssen, deren Beträge als Summe auf ein Habenkonto gegengebucht wird. Für solche zusammengesetzten Buchungssätze gibt es folgende Faustregel:

a) Überlegen Sie sich den Buchungssatz ohne DM-Betrag und ohne die Nebenkonten! Verbuchen Sie also nur den Grundvorgang! Bei Nr. 7 würde dies so aussehen:
   Bank an Kundenforderungen
b) Jetzt setzen Sie die DM-Beträge ein:
   Bank 784,- DM an Kundenforderungen 800,- DM
c) Damit lösen sich die Nebenbuchungen eigentlich von selbst, da ja am Ende der Betrag im Soll und im Haben ausgeglichen sein muß:
   Bank 784,- DM
   K'SK 16,- DM an Kundenforderungen 800,- DM

Verfahren Sie in Zukunft bitte bei allen zusammengesetzten Buchungssätzen nach dieser Faustregel!

III. Die Inventur am Schluß der Abrechnungsperiode ergibt folgende Bestände:

1. Geschäftsausstattung	3000,- DM
2. Kassenbestand	4975,- DM
3. Bankguthaben	1394,- DM
4. Kundenforderungen	1975,- DM
5. Verbindlichkeiten	0,- DM
6. Warenbestand	200,- DM

Erstellen Sie auf Grund der Inventurangaben die Schlußbilanz!

Die direkte Abschreibung

In der vorausgegangenen Übung 11 haben wir uns eine Geschäftsausstattung im Werte von 3000,- DM angeschafft. Am Ende der Abrechnungsperiode wurde bei der Schlußinventur für dieselbe Geschäftsausstattung der gleiche Wert, nämlich

wieder 3000,– DM angegeben. Dies war nicht ganz korrekt, denn unsere Geschäftsausstattung unterliegt, wie alle Teile des Anlagevermögens (außer Grund und Boden), einer Wertminderung. Auch bei Teilen des Umlaufvermögens können Wertminderungen eintreten, z. B. durch Forderungsverluste. Diese Wertminderung kann bei Anlagegegenständen auf technische Gründe zurückzuführen sein, wie z. B. die Wertminderung durch Abnützung infolge Gebrauchs eines Gegenstandes. Die Wertminderung kann aber auch wirtschaftliche oder steuerrechtliche Gründe als Ursache besitzen. Z. B. bringt der technische Fortschritt u. U. eine schnellere wirtschaftliche Überholung bei einer Anlage mit sich, die, technisch gesehen, noch durchaus betriebsbereit sein kann.
Ferner dürfen alle »geringwertigen Wirtschaftsgüter«, deren Anschaffungspreis laut § 6, Absatz 2 des Einkommensteuergesetzes 800,– DM nicht übersteigt, im Jahr der Anschaffung voll abgeschrieben werden.
Diese geringwertigen Wirtschaftsgüter werden deshalb schon bei der Anschaffung auf ein besonderes Konto »Geringwertige Wirtschaftsgüter« gebucht. Diesen Wertminderungen trägt man buchhalterisch Rechnung durch die **Abschreibung**. In unserer kurzen Einführung interessiert uns die **Buchungstechnik** der Abschreibung naturgemäß an erster Stelle. Trotzdem wollen wir einen kurzen Blick auf einige **Abschreibungsmethoden** werfen:

1. Die lineare Abschreibungsmethode:

Sie erfolgt jeweils vom Anschaffungswert, wobei die jährliche Abschreibungsquote **immer gleich hoch** bleibt. Sie ist die einfachste Art der Berechnung, entspricht aber betriebswirtschaftlich nicht immer der Wirklichkeit. Ein PKW z. B. verliert im ersten Jahr verhältnismäßig mehr an Wiederverkaufswert als im fünften oder sechsten Jahr.

Beispiel für die lineare Abschreibung:
Anschaffungswert einer elektrischen Schreibmaschine: 3000,– DM. Geschätzte Nutzungsdauer: 3 Jahre

Jährliche Abschreibung: $\frac{3000}{3}$ DM = 1000,– DM

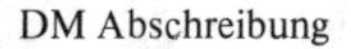
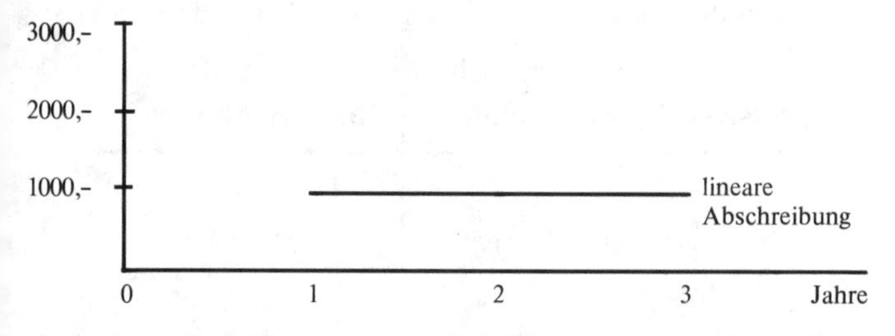

2. Die Methode der degressiven Abschreibung:

a) Sie kann z. B. dadurch erfolgen, daß man vom jeweiligen Buchwert (= Restwert) abschreibt. Der Prozentsatz ist dabei jährlich derselbe; da sich aber mit jeder Abschreibungsquote der Buchwert verringert, fällt die Abschreibungsquote dementsprechend von Jahr zu Jahr. Laut Einkommensteuergesetz (EStG) § 7 nimmt man als Prozentsatz das Dreifache des linearen Abschreibungssatzes, höchstens jedoch 30 %. Das Problem bei dieser Methode ist es, daß das abzuschreibende Anlagegut am Ende der Nutzungsdauer nicht voll abgeschrieben ist. Man hilft sich deshalb in der Weise, daß man so lange degressiv abschreibt, so lange die degressiven Abschreibungsraten größer sind als die linearen Abschreibungsraten. Ab dem Jahr, ab dem die linearen Abschreibungsraten größer werden, stellt man für die restliche Nutzungsdauer auf die lineare Abschreibung um. Diese Abschreibungsmethode ist erlaubt für bewegliche Wirtschaftsgüter des Anlagevermögens. Sie gilt nicht für die Abschreibung von bebauten Grundstücken. Ein Zahlenbeispiel soll das Gesagte erläutern:

Der Anschaffungswert (AW) einer Maschine
sei 10000,– DM
Die Nutzungsdauer (ND) dieser Maschine sei 6 Jahre.

Demnach beträgt der lineare Abschreibungssatz pro Jahr $\frac{100\,\%}{6 \text{ Jahre}} = 16\,^2/_3\,\%$

Der degressive Abschreibungssatz beträgt das Dreifache des linearen Satzes, also $3 \times 16\,^2/_3\,\% = 50\,\%$; aber: die Höchstgrenze ist mit 30 % festgesetzt. Somit ist mit 30 % vom jeweiligen Restwert zu rechnen.

Wir beginnen mit der degressiven Methode und lassen zum Vergleich die lineare Abschreibung nebenher laufen:

Vergleich zwischen

degressiver Abschreibung			**linearer Abschreibung**	
	DM		DM	
Anschaffungswert	10000,–	100 %	10000,–:	6 Jahre Nutzungsdauer
– 1. Abschreibung	= 3000,–	**30 %**	= 1666,67	
Restwert Ende 1. Jahr	7000,–		7000,–	
	wird übernommen →			

Der Vergleich zeigt, daß die degressive Rate von 3000,– DM größer ist als die lineare Rate von 1666,67 DM. Deshalb rechnet man mit der degressiven Rate weiter.

Wichtig: Die Rate von 3000,– DM wird auch für das Weiterrechnen mit der linearen Methode übernommen. Das Wirtschaftsgut hat also am Ende des ersten Jahres jetzt in beiden Fällen einen Restwert von 7000,– DM.

Der weitere Verlauf stellt sich folgendermaßen dar:

Restwert Ende 1. Jahr	7000,–	100 %	7000,–:	noch 5 Jahre Rest-Nutzungsdauer
– 2. Abschreibung	= 2100,–	**30 %**	= 1400,–	
Restwert Ende 2. Jahr	4900,–	100 %	4900,–:	noch 4 Jahre Rest-Nutzungsdauer
	wird übernommen →			
– 3. Abschreibung	= 1470,–	**30 %**	= 1225,–	
Restwert Ende 3. Jahr	3430,–	100 %	3430,–:	noch 3 Jahre Rest-Nutzungsdauer
	wird übernommen →			
– 4. Abschreibung	= 1029,–	**30 %**	**1143,–**	(auf volle DM gerundet)
Hier: Übergang zur linearen Abschreibung:			2287,–	
– 5. Abschreibung			**1143,–**	
Restwert Ende 5. Jahr			1144,–	
– 6. Abschreibung			**1144,–**	(gerundet)
Restwert Ende 6. Jahr			0,–	

b) Bei der arithmetisch degressiven (= digitalen) Abschreibung hat man folgende Formel aufgestellt:

$$\text{Abschreibungsquote} = \frac{\text{Anschaffungswert}}{(1+2+3+\ldots n)} \cdot (1 + \text{Restnutzungsdauer})$$

n = Nutzungsdauer

Beispiel:
Anschaffungswert eines PKW: 15000,- DM
Nutzungsdauer: 5 Jahre

$$\text{Abschreibungsquote (nach 1 Jahr)} = \frac{15000}{1+2+3+4+5} \cdot (1+4) = \underline{\underline{5000,\text{- DM}}}$$

Wenn wir alle fünf Abschreibungsquoten nach unserer Formel errechnen, erhalten wir folgende Werte:

Abschreibungsquote nach dem 1. Jahr:	5000,- DM
Abschreibungsquote nach dem 2. Jahr:	4000,- DM
Abschreibungsquote nach dem 3. Jahr:	3000,- DM
Abschreibungsquote nach dem 4. Jahr:	2000,- DM
Abschreibungsquote nach dem 5. Jahr:	1000,- DM
Die Gesamtabschreibung = Anschaffungswert =	15000,- DM

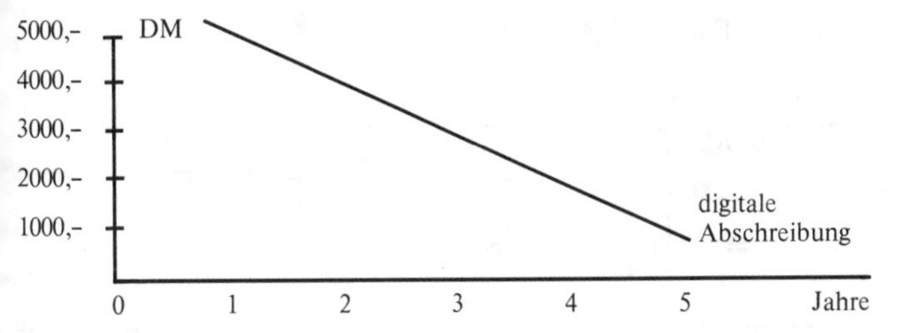

3. Die Methode der progressiven Abschreibung:

Bei ihr werden die Abschreibungsquoten jährlich immer größer. Sie ist betriebswirtschaftlich jedoch nur in seltenen Fällen vertretbar. Als Schulbeispiel sei hier die Plantage angeführt, deren Erträge mit dem Wachstum der Pflanzen von Jahr zu Jahr steigen.

Die Buchungstechnik der Abschreibung

So schwierig es für den Kaufmann sein kann, die für ihn richtige Abschreibungsmethode im Einzelfall zu bestimmen, so einfach ist es für den Buchhalter, die einmal errechnete Abschreibungsquote zu verbuchen. Zunächst sei hier nur die **direkte Abschreibungstechnik** dargestellt. Die außerdem noch gebräuchliche Technik der **indirekten Abschreibung** lernen wir in einem späteren Kapitel kennen.
Bei der Abschreibung handelt es sich um eine Wertminderung. Sie bedeutet, buchhalterisch gesehen, einen Aufwand. Für Aufwendungen sind aber die uns schon bekannten Erfolgskonten zuständig. Erweitern wir also unseren Katalog und fügen den uns bekannten Erfolgskonten noch ein weiteres Konto »Abschreibungen« hinzu.

Beispiel:
Wert der Geschäftsausstattung zu Beginn des Jahres: 3000,– DM
Nutzungsdauer: 6 Jahre
Abschreibung: jährlich 500,– DM
Buchungssatz am Ende eines jeden Jahres:
① Abschreibungen 500,– DM an Geschäftsausstattung 500,– DM.

Kontenmäßige Darstellung:

S	BGA		H
AB	3000,-	①	500,-
		②	2500,-
	3000,-		3000,-

S	Abschreibungen		H
①	500,-	③	500,-

A	Schlußbilanz		P
②	2500,-		

S	V&G		H
③	500,-		

② ③ sind Abschlußbuchungen

Jede Abschreibung verringert den auf dem V&G-Konto ausgewiesenen Reingewinn und damit auch das zu versteuernde Einkommen. Aus diesem Grund hat das Steuerrecht die Abschreibungssätze begrenzt.

Als Beispiel seien hier genannt:

Abzuschreibender Gegenstand	Abschreibungssatz in %
Unbebaute Grundstücke	0
Betriebs- und Verwaltungsgebäude	2–4
Wohngebäude	z. B. 2 (EStG §§ 7 u. 7b)
Betriebs- und Geschäftsausstattung	10–20
Büromaschinen	10–30
LKW	25–33
PKW	20–30

Wenn ein voll abgeschriebener Gegenstand im Betrieb trotzdem noch weiter benützt wird, läßt man ihn im Inventar und in der Bilanz mit 1,- DM zu Buche stehen. Diesen Betrag nennt man die »Erinnerungsmark« oder »Memorialmark«. Eine völlige Auflösung des Kontos wird erst vorgenommen, wenn der Gegenstand auch tatsächlich aus dem Betrieb verschwindet, z. B. durch Verkauf oder Verschrottung.

Übung 12 (Lösung Seite 143 ff.)

Aufgabe 1

a) Kauf eines PKW am 30. 6. d. J. durch Scheck auf die Bank im Werte von 16000,- DM.

b) Die Nutzungsdauer wird mit 4 Jahren angenommen. Es soll linear (in gleichmäßigen Raten) abgeschrieben werden. Verbuchen Sie die Abschreibung am Ende des Anschaffungsjahres!

c) Schließen Sie die Konten Fuhrpark und Abschreibungen ab!

Aufgabe 2

a) Kauf einer Tiefkühltruhe auf Ziel für die Geschäftsausstattung unseres Lebensmittelgeschäftes im

Werte von	5600,- DM
Barzahlung für die Fracht	250,- DM
Aufstellungs- und Installationskosten, bar	150,- DM

Wichtige Anmerkung:
Beim Kauf von Gegenständen des Anlagevermögens werden alle Nebenkosten »aktiviert«, d. h. dem Kaufpreis zugeschlagen. Man geht von folgender Überlegung aus: Was kostet mich dieser Gegenstand (in unserem Fall die Tiefkühltruhe), bis er in meinem Unternehmen betriebsbereit zur Verfügung steht. In unserem Fall bedeuten also die Fracht sowie die Aufstellungs- und Installationskosten nichts anderes als eine nachträgliche Verteuerung der Tiefkühltruhe. Der so ermittelte Wert heißt **Anschaffungswert** und dient als Ausgangspunkt für die Berechnung der Abschreibung.

b) Die Nutzungsdauer wird mit 5 Jahren angenommen. Berechnen Sie die Abschreibungsquoten, wenn die digitale Abschreibungsmethode angewandt werden soll!
Verbuchen Sie die Abschreibung am Ende des ersten Jahres!

c) Schließen Sie die Konten Geschäftsausstattung und Abschreibungen ab!

d) Erstellen Sie die Abschreibungstabelle für die degressive Abschreibung nach § 7 EStG!

Aufgabe 3

a) Kauf einer Reiseschreibmaschine gegen bar 450,- DM.

b) Wie ist am Ende des Jahres zu buchen?

Verbuchung von Wechselforderungen und Wechselschulden

Der Wechsel spielt als Zahlungs- und Kreditmittel eine wichtige Rolle im kaufmännischen Betrieb. Die gesetzliche Regelung finden wir im Wechselgesetz. Im folgenden Abschnitt wollen wir uns nur insoweit Klarheit über den Wechsel verschaffen, wie das zur Verbuchung der damit anfallenden Geschäftsvorgänge unbedingt erforderlich ist.

Die typische Ausgangssituation für unsere Betrachtung ist mit folgendem Personenkreis gegeben:

1. Der **Fabrikant** Fritz Fabricius beliefert
2. den **Großhändler** Gerd Groß. Dieser wiederum beliefert
3. den **Einzelhändler** Emil Klein.

Verfolgen Sie bitte die nachfolgenden Erklärungen auch auf dem Schaubild (Seite 55).

Unser Großhändler muß einerseits seine Schulden an den Fabrikanten bezahlen, andererseits muß er dem Einzelhändler ein Zahlungsziel bei der Lieferung einräumen. Dadurch entsteht häufig eine Finanzierungslücke. Großhändler Groß löst dieses Problem im Einvernehmen mit seinen beiden Geschäftspartnern Fabricius und Klein wie folgt:

1. Groß stellt eine Urkunde aus, in der seine Forderung gegenüber Klein und der Zeitpunkt der Fälligkeit der Zahlung verbrieft wird. Diese Urkunde muß der im Wechselgesetz vorgeschriebenen Form entsprechen. Dann nennen wir sie einen Wechsel. Gerd Groß ist gemäß Wechselrecht der Aussteller oder **Trassant**. Er unterschreibt den Wechsel.
2. Dann schickt Groß den ausgestellten (= trassierten oder gezogenen) Wechsel an Emil Klein, der ebenfalls zum Zeichen des Einverständnisses unterschreibt. Er hat seine Schuld und das Fälligkeitsdatum derselben akzeptiert. Darum nennt man die Unterschrift des Wechselschuldners auch **Akzept**. Den Wechselschuldner Klein heißt man **Akzeptanten**, Bezogenen oder Trassaten.
3. Und nun kommt das Eigenartige: Der Fabrikant Fabricius erklärt sich bereit, diese Wechselurkunde vom Großhändler Groß anstatt einer Zahlung anzunehmen. Damit hat Groß an Fabricius gezahlt! Hier spielt der Wechsel die Rolle eines »Geldscheins«, er ist also ein Zahlungsmittel. Zu gleicher

Zeit ist aber auch dem Einzelhändler Klein geholfen. Er muß den Wechsel erst am Verfalltag einlösen. Hier spielt der Wechsel die Rolle eines »Schuldscheines«, er ist also auch ein Kreditmittel. Unser Fabrikant Fabricius heißt im Wechselrecht auch Wechselnehmer oder **Remittent**.

Der Laie fragt sich an dieser Stelle stets, wie es möglich ist, daß diese Art von »Wechselgeld« von den Kaufleuten an Zahlungs Statt angenommen wird und damit die Rolle eines normalen Geldscheines spielen kann. Dies hängt erstens von verschiedenen Ursachen ab. Zunächst ist hier die Strenge des Wechselrechtes zu erwähnen, nach der alle einen Wechsel unterzeichnenden Personen für die Einlösung desselben am Verfalltag haften. Unserem Fabrikanten Fabricius haften also der Bezogene Klein sowie der Aussteller Groß. Zweitens: Der Wechselnehmer wird natürlich nur solche Wechsel in Zahlung nehmen, dessen Vormann ihm als zahlungsfähig bekannt ist. Drittens kann der Wechselnehmer seinerseits den Wechsel durch schriftlichen Übertragungsvermerk (= **Indossament**) wieder an seine Gläubiger weitergeben und damit seine eigenen Verbindlichkeiten bezahlen. Viertens kann ein Wechselinhaber seinen Wechsel bei seiner Bank diskontieren lassen. Unter Diskontierung verstehen wir den Verkauf eines Wechsels **vor** dem Verfalltag, meistens an eine Bank. Für die Zeit zwischen Diskontierungstag und Verfalltag des Wechsels zieht die Bank Zinsen (= Diskont) von der Wechselsumme ab und bezahlt nur den um den Diskont gekürzten Barwert aus. Die Wechseldiskontierung bedeutet für den Kaufmann eine wichtige Quelle der Bargeldbeschaffung. Fünftens schließlich können Wechsel unter bestimmten Bedingungen lombardiert, d. h. beliehen werden.

Nach all dem Gesagten ist uns die Definition des Wechsels jetzt leicht verständlich:
Der akzeptierte Wechsel ist eine Urkunde, mit welcher der Bezogene verspricht, am Verfalltag eine bestimmte Summe an den Wechselnehmer oder dessen legitimierten Nachmann zu bezahlen.

Ein und derselbe Wechsel hat ganz verschiedene Bezeichnungen, je nachdem, wer ihn besitzt (siehe Schaubild Seite 55). **Der Aussteller** sagt zu seinem Wechsel Tratte oder Besitzwechsel. Er spricht auch von einer Wechselforderung.

Schaubild über die beim Wechsel vorkommenden Begriffe

Welchen Namen hat die Person beim Wechselgeschäft?	Fabrikant Fabricius Wechselnehmer (Remittent)	Großhändler Groß Aussteller (Trassant)	Einzelhändler Klein Bezogener (Akzeptant oder Trassat)
Wie benennen die Personen »ihren« Wechsel?	Besitzwechsel oder Wechselforderung (Rimesse)	Besitzwechsel oder Wechselforderung (Tratte)	Schuldwechsel oder Wechselschulden (Akzept)
Welche Bedeutung hat der Wechsel für die jeweilige Person?	Verbriefte Forderung bzw. Zahlungsmittel Forderungscharakter Bargeldcharakter	Verbriefte Forderung bzw. Zahlungsmittel Forderungscharakter Bargeldcharakter	Verbriefte Schuld Verbindlichkeitscharakter
Auf welchem Konto wird der Wechsel verbucht?	Konto Wechselforderungen (Besitzwechsel)	Konto Wechselforderungen (Besitzwechsel)	Konto Wechselschulden (Schuldwechsel)

Der Bezogene sagt zu demselben Wechsel Akzept oder Schuldwechsel.
Der Wechselnehmer spricht von einer Rimesse oder ebenfalls von einem Besitzwechsel bzw. einer Wechselforderung.

Damit ist aber auch schon die Rolle angedeutet, die derselbe Wechsel bei den einzelnen Personen spielt. Aus dem Schaubild entnehmen wir, daß der Wechsel buchhalterisch zweierlei Charakter haben kann:

1. Für den Bezogenen bedeutet der Wechsel eine verbriefte Schuld.
2. Für den Aussteller und alle seine Nachmänner bedeutet der Wechsel eine verbriefte Forderung bzw. eine Art von »Geld«, zu vergleichen mit dem Konto Kasse.

Welche Buchungsfälle sind im Zusammenhang mit dem Wechsel denkbar? Bleiben wir zunächst innerhalb des Personenkreises unseres Schaubildes:

1. Großhändler Groß zieht auf den Einzelhändler Klein einen Wechsel. (Vorausgegangen ist der Buchungssatz: Kundenforderungen an Warenverkauf).
   Großhändler Groß bucht jetzt:
   Wechselforderungen an Kundenforderungen
   Bedeutung: Die unverbrieften Kundenforderungen nehmen ab, die verbrieften Wechselforderungen nehmen zu.

2. Verbuchung von Fall (1) in der Buchhaltung von Einzelhändler Klein: (Vorausgegangen ist der Buchungssatz: Wareneinkauf an Verbindlichkeiten). Einzelhändler Klein bucht jetzt:
   Verbindlichkeiten an Schuldwechsel
   Bedeutung: Die unverbrieften Verbindlichkeiten nehmen ab, die verbrieften Wechselschulden nehmen zu.

3. Großhändler Groß gibt den Wechsel an den Fabrikanten Fabricius weiter zum Ausgleich seiner Verbindlichkeiten. (Vorausgegangen ist der Buchungssatz: Wareneinkauf an Verbindlichkeiten).
   Großhändler Groß bucht jetzt:
   Verbindlichkeiten an Wechselforderungen
   Bedeutung: Die Verbindlichkeiten nehmen ab, der Wechselbestand (Wechselforderungen) nimmt auch ab. Hier spielt der Wechsel die Rolle eines Zahlungsmittels.

4. Fabrikant Fabricius nimmt den Wechsel an Zahlungs Statt an. (Vorausgegangen ist der Buchungssatz: Kundenforderungen an Warenverkauf).
   Fabrikant Fabricius bucht jetzt:
   Wechselforderungen an Kundenforderungen
   Bedeutung: Die unverbriefte Forderung gegenüber dem Großhändler Groß nimmt ab, die verbrieften Wechselforderungen nehmen zu.

Nun sind noch folgende Fälle möglich:

5. Fabrikant Fabricius gibt den erhaltenen Wechsel an Zahlungs Statt weiter an seinen Rohstofflieferanten. (Vorausgegangen ist der Buchungssatz: Wareneinkauf an Verbindlichkeiten).
   Fabrikant Fabricius bucht jetzt:
   Verbindlichkeiten an Wechselforderungen

Bedeutung: Im Grunde genommen diesselbe wie bei Fall 3.

6. Anstelle der Wechselweitergabe (Fall 5) könnte Fabrikant Fabricius den Wechsel auch vor dem Verfalltag an seine Bank verkaufen und damit gleich zu Bargeld machen. Wir wissen schon, daß man diesen Vorgang Diskontierung nennt. Die Abrechnung der Bank würde dann z. B. so lauten:

Wechselsumme	600,- DM
- Diskont (= Zinsen für die Zeit vom Einreichungstag bis zum Verfalltag)	10,- DM
Barwert (= Gutschrift)	590,- DM

   Fabrikant Fabricius würde bei dieser Diskontierung wie folgt buchen:

Bank	590,- DM	im Soll
Zinsaufwand	10,- DM	im Soll
an Wechselforderungen	600,- DM	im Haben

7. Fabrikant Fabricius könnte den Wechsel auch bei sich aufbewahren und
   a) ihn am Verfalltag dem Bezogenen Klein zur Zahlung vorlegen.
      Fabricius würde dann buchen:
      Kasse an Wechselforderungen

Klein würde buchen:

Schuldwechsel an Kasse

b) ihn vor dem Verfalltag seiner Bank einreichen mit der Bitte, den Betrag **am Verfalltag** vom Bezogenen Klein einzuziehen. Hier spricht man im Gegensatz zu dem Diskontierungsgeschäft (Fall 6) von einem Inkassogeschäft bzw. einem Inkassowechsel. Die Bank streckt hier kein Geld vor, sie gewährt keinen Kredit wie bei der Diskontierung, sondern sie spielt nur den Boten, der am Verfalltag das Geld vom Bezogenen einzieht. Bei einem Inkassowechsel verlangt die Bank demnach keine Zinsen (Diskont). Sie hat aber einen »Botenlohn« (Provision) zu beanspruchen. Die Abrechnung der Bank sieht dann wie folgt aus:

Wechselsumme	600,- DM
- Inkassoprovision	5,- DM
Gutschrift am Verfalltag	595,- DM

Fabrikant Fabricius wird dann folgendermaßen buchen:

Bank	595,- DM	im Soll
Nebenkosten des Finanz- und Geldverkehrs (Neko)	5,- DM	im Soll
an Wechselforderungen	600,- DM	im Haben

Zusammenfassend stellen wir fest:

1. **Für den Aussteller, den Wechselnehmer und alle weiteren Nachmänner hat der Wechsel den Charakter einer verbrieften Forderung (Konto Wechselforderungen), bzw. bei Verwendung des Wechsels als Zahlungsmittel den Charakter von Geld. Das Konto Wechselforderungen ist ein Aktivkonto. Der Anfangsbestand und die Zunahmen stehen im Soll, die Abnahmen im Haben.**
2. **Für den Bezogenen hat der Wechsel den Charakter einer verbrieften Verbindlichkeit (Konto Schuldwechsel). Das Konto Schuldwechsel ist demnach ein Passivkonto und hat seinen Anfangsbestand und die Zunahmen im Haben, die Abnahmen dagegen im Soll.**

Übung 13 (Lösung Seite 146)

Bilden Sie die Buchungssätze für folgende Geschäftsfälle:

1.	Wareneinkauf auf Ziel	500,- DM
2.	Warenverkauf auf Ziel	800,- DM
3.	Unser Kunde überweist auf unser Bankkonto	300,- DM
4.	Unser Kunde leistet sein Akzept über den Rest der Forderung	500,- DM
5.	Wir geben den Wechsel von Fall (4) weiter an unseren Lieferer zum Rechnungsausgleich	500,- DM
6.	Wir leisten unserem Lieferer vereinbarungsgemäß unser Akzept zum Ausgleich einer Rechnung über	750,- DM
7.	Wir übergeben unserer Bank einen Wechsel zum Inkasso	235,- DM
8.	Die Bank belastet uns mit Provision für Fall 7	5,- DM
9.	Wechseldiskontierung bei der Bank:	

Wechselsumme	1000,- DM
- Diskont	8,- DM
Gutschrift der Bank	992,- DM

Verbuchung von Prolongationswechseln und Protestwechseln

Trotz der Strenge des Wechselrechtes und trotz des guten Willens des Bezogenen, seine Wechselschulden am Verfalltag pünktlich zu bezahlen, kann es doch vorkommen, daß der Bezogene am Verfalltag zahlungsunfähig ist. In diesem Fall sind zwei Möglichkeiten denkbar.

I. Der Prolongationswechsel (= Verlängerung der Laufzeit)

Wenn der Bezogene rechtzeitig merkt, daß er am Verfalltag kein Geld zur Einlösung des Wechsels haben wird, besinnt er sich darauf, daß ja auch der Aussteller durch seine Unterschrift zur Haftung verpflichtet ist. Beiden Beteiligten kann nichts daran liegen, daß der letzte Wechselinhaber notarielle bzw. gerichtliche Schritte einleitet (Wechselprotest, Wechselzahlungsbefehl), die für sämtliche beteiligten Personen kreditschädigend wirken und zudem mit zusätzlichen Kosten verbunden sind. Aus diesen Gründen bittet der Bezogene den Aussteller um Prolongation, d. h. um Verlängerung der Laufzeit. Da der Wechsel aber nicht mehr im Besitz des Bezogenen und auch nicht mehr im Besitz des Ausstellers ist, erreicht man den gewünschten Erfolg auf folgende Weise:

1. Der Bezogene (in unserem Fall der Einzelhändler Klein) bittet den Aussteller Groß rechtzeitig vor Verfall des Wechsels um Übersendung von Geld.
2. Der Aussteller Groß sendet dem Bezogenen Klein das Geld noch vor Verfall des Wechsels.
3. Der Bezogene Klein löst am Verfalltag mit dem vom Aussteller Groß erhaltenen Geld den Wechsel ein. Auf diese Weise hat außer dem Aussteller und dem Bezogenen niemand etwas von der Zahlungsschwierigkeit erfahren.
4. Der Bezogene Klein erklärt sich dem Aussteller Groß gegenüber bereit, als Gegenleistung für das erhaltene Geld einen neuen Wechsel zu akzeptieren, der erst zu einem späteren Termin fällig ist. Selbstverständlich muß der Bezogene die dabei anfallenden Spesen und angemessene Verzugszinsen

tragen. Es ist empfehlenswert, die Summe des Prolongationswechsels um die Spesen und Zinsen zu erhöhen. Aus Gründen der einfacheren Berechnung werden diese Zinsen und Spesen in der Praxis oft auch getrennt berechnet, und der Prolongationswechsel wird auf die ursprüngliche Summe des alten Wechsels ausgestellt.

Schematische Darstellung einer Wechselprolongation

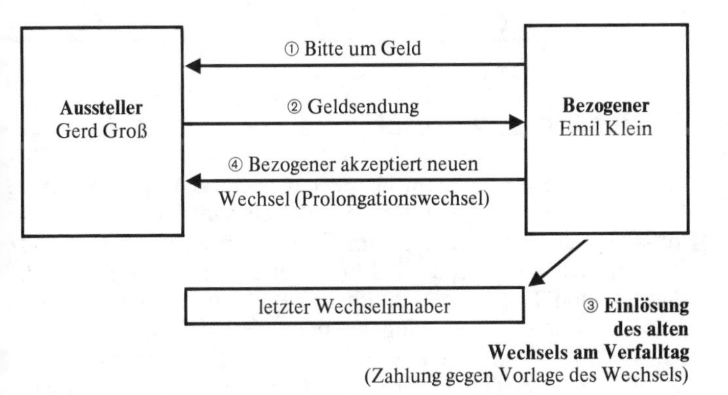

Verbuchung eines Prolongationswechsels

(Verbuchung in der Buchhaltung des Ausstellers)

1. Unser Kunde Emil Klein bittet uns am 5. 8. um Überweisung von 1167,64 DM für einen am 10. 8. fälligen Wechsel. Er ist dafür bereit, einen entsprechenden Prolongationswechsel mit einer Laufzeit von 90 Tagen zu akzeptieren.
   Buchungssatz bei Überweisung des Betrages:
   Kundenforderungen 1167,64 DM an Bank 1167,64 DM

2. Berechnung des Prolongationswechsels:
Diskontierungstag 10. 8.

Summe des Prolongationswechsels*	1187,24 DM	100%
- Diskont 6% für 90 Tage	17,80 DM	1,5%
Barwert unversteuert	1169,44 DM	
– Spesen	1,80 DM	
Barwert 10. 8. abzügl. Spesen*	1167,64 DM	

↑ Rechengang

Verbuchung des Prolongationswechsels:
Wechselforderungen 1187, 24 DM an

Kundenforderungen	1167,64 DM
Zinserträge	17,80 DM
Neko	1,80 DM

II. Der Protestwechsel

In diesem Falle ist es dem Bezogenen nicht gelungen, auf den Verfalltag das nötige Geld zu beschaffen. Der letzte Wechselinhaber, der den Wechsel dem Bezogenen am Verfalltag zur Zahlung vorlegt, muß die Zahlungsunfähigkeit des Bezogenen durch einen Notar oder durch die Post bescheinigen lassen (Protesturkunde). Erst dann kann der letzte Wechselinhaber Rückgriff nehmen, d. h. er wendet sich an seinen Vormann, der ja auf dem Wechsel unterschrieben hat (Weitergabe eines Wechsels an einen Nachmann nur durch Indossament, siehe Seite 54). Auf diese Weise wandert der Wechsel wieder Schritt für Schritt rückwärts, bis er beim Aussteller landet. Dies ist auch logisch, denn der Aussteller hat ja letzten Endes den wertlosen »Wechselgeldschein« geschaffen und in Umlauf gebracht.

Gemäß Wechselgesetz Artikel 48 darf jeder Nachmann gegenüber seinem Vormann beim Wechselrückgriff (Regreß) folgende Rückrechnung aufstellen:

*) Der Prolongationswechsel muß für den Aussteller einen vollwertigen Ersatz für die an den Bezogenen überwiesene Summe darstellen. Mit anderen Worten: Wenn der Aussteller den Prolongationswechsel am 10. 8. zur Bank brächte und den Wechsel diskontieren ließe, müßte der von der Bank ausbezahlte Barwert der überwiesenen Summe entsprechen.

1. Wechselsumme
2. Mindestens 6% Verzugszinsen, sonst 2% über dem Diskontsatz der Landeszentralbanken
3. Protestkosten (für Ausstellung der Protesturkunde)
4. 1/3% Provision aus der Wechselsumme
5. Auslagen

Verbuchung von Protestwechseln innerhalb eines zusammenhängenden Falles

(Es wird empfohlen, die einzelnen Buchungen auf einem 32-Konten-Blatt Schritt für Schritt nachzubuchen).

① Wir beziehen Waren von unserem Lieferanten auf Ziel 600,- DM
Buchungssatz:
Wareneinkauf 600,- DM an Verbindlichkeiten 600,- DM

② Wir liefern unserem Kunden Waren auf Ziel 600,- DM
Buchungssatz:
Kundenforderungen 600,- DM an Warenverkauf 600,- DM

③ Der Kunde sendet zum Ausgleich einen Wechsel, den er von einem seiner Kunden erhalten hat: 600,- DM
Buchungssatz:
Wechselforderungen 600,- DM an Kundenforderungen 600,- DM

④ Wir geben diesen Wechsel an Zahlungs Statt weiter an unseren Lieferer.
Buchungssatz:
Verbindlichkeiten 600,- DM an Wechselforderungen 600,- DM

⑤ Der Wechsel wurde am Verfalltag vom Bezogenen nicht eingelöst. Unser Lieferer schickt uns den protestierten Wechsel zurück und belastet uns mit folgender Rückrechnung:

Wechselsumme	600,- DM
+ 6% Zinsen für 10 Tage	1,- DM
+ Protestkosten	10,- DM
+ 1/3% Provision	2,- DM
+ Auslagen	5,- DM
Summe	618,- DM

Buchungssatz:

W'Forderung	**600,- DM**
Zinsaufw. + Erträge	**1,- DM**
außerordentliche Aufwendungen und Erträge (a. o. A. + E.)	**17,- DM**
an Verbindlichkeiten	618,- DM

Anmerkung: Bei der Verbuchung von Protestwechseln kann man alle Nebenkosten mit Ausnahme der Zinsen der Einfachheit halber zusammenfassen auf dem Konto a. o. A. + E. Später erfassen wir a. o. Aufwendungen bzw. a. o. Erträge auf getrennten Konten.

⑥ Wir geben den Wechsel unsererseits im Wege des Rückgriffs zurück an unseren Kunden und stellen dabei folgende Rückrechnung auf:

Wechselsumme		600,- DM
+ 6% Zinsen für 10 Tage		
Zinsen des Vormannes	1,- DM	
eigene Zinsen	1,- DM	2,- DM
+ Protestkosten		10,- DM
+ 1/3% Provision		
Provision des Vormannes	2,- DM	
eigene Provision	2,- DM	4,- DM
+ Auslagen		
Auslagen des Vormannes	5,- DM	
eigene Auslagen	4,- DM	9,- DM
Summe		625,- DM

Buchungssatz:

Kundenforderungen	**625,- DM**
an Wechselforderung	**600,- DM**
Zinsaufw. + Erträge	**2,- DM**
a. o. A. + E.	**23,- DM**

Kontenmäßige Darstellung

S	Wareneinkauf		H
①	600,-		

S	Verbindlichkeiten		H
④	600,-	①	600,-
		⑤	618,-

S	Kundenforderungen		H
②	600,-	③	600,-
⑥	**625,-**		

S	Warenverkauf		H
		②	600,-

S	Wechselforderungen		H
③	600,-	④	600,-
⑤	600,-	⑥	**600,-**

S	a. o. A. + E.		H
⑤	17,-	⑥	**23,-**

S	Zinsaufw. u. Erträge		H
⑤	1,-	⑥	**2,-**

Anmerkung: Die Belastungen unseres Lieferers bedeuten nur durchlaufende Posten auf den beiden Konten Zinsaufwendungen und Erträge und a. o. A. + E. Als Saldo bleibt der eigene Zinsertrag von 1.- DM und die Erstattung der eigenen Kosten von 6,- DM.

Übung 14 (Lösung Seite 146)

Verbuchen Sie folgende Geschäftsfälle auf einem 32-Konten-Blatt!

1. Unser Kunde, auf den wir zum Ausgleich unserer Forderung einen Wechsel in Höhe von 3574,45 DM gezogen haben, bittet uns um Wechselverlängerung für 60 Tage.
   a) Wir überweisen unserem Kunden 3574,45 DM
   b) Wir ziehen auf unseren Kunden einen neuen Wechsel in Höhe von 3616,16 DM. Der neue Wechsel enthält 36,16 DM Diskont und 5,55 DM Wechselsteuer.

2. Unser Lieferer schickt uns im Wege des Rückgriffs einen Wechsel zurück und belastet uns mit folgender Rückrechnung:

Wechselsumme	1200,- DM
+ 6% Zinsen für 10 Tage	2,- DM
+ Protestkosten	20,- DM
+ 1/3% Provision	4,- DM
+ Auslagen	5,- DM
Summe	1231,- DM

3. Wir geben den Wechsel von Fall (2) an unseren Kunden zurück mit folgender Rückrechnung:

Wechselsumme	1200,- DM
+ Kosten des Vormannes	31,- DM
+ eigene Zinsen	2,- DM
+ eigene Provision	4,- DM
+ eigene Auslagen	5,- DM
Summe	1242,- DM

Kontenrahmen, Kontenklassen, Kontengruppen, Kontenarten, Kontenplan

Je mehr Konten in einer Buchführung benötigt werden, desto wichtiger ist es, dieselben zu ordnen und gegeneinander abzugrenzen, damit sie erstens schnell auffindbar sind und zweitens ihr Inhalt genau bestimmt ist. Auf diese Weise wird die Buchführung übersichtlich und die verschiedenen Buchführungen untereinander vergleichbar.

Der im folgenden entwickelte vereinfachte **Kontenrahmen** für Groß- und Einzelhandelsbetriebe lehnt sich an den IKR (Indu-

striekontenrahmen) an und verfolgt das Abschlußgliederungsprinzip, d. h. er richtet sich nach den Anforderungen der Geschäftsbuchführung und des Jahresabschlusses einer Unternehmung.
Überlegungen der Betriebsbuchführung (Kalkulation) treten hier etwas in den Hintergrund. Dieses Ordnungsprinzip entspricht weitgehend den handelsrechtlichen Bestimmungen und Gliederungsvorschriften gemäß §§ 265 und 266 des Handelsgesetzbuches, die für Kapitalgesellschaften (Aktiengesellschaft, Gesellschaft mit beschränkter Haftung) zwingend vorgeschrieben sind. Selbstverständlich ist dieser Kontenrahmen auch bei Einzelunternehmungen und Personengesellschaften (OHG, KG) anwendbar. Diese universale Anwendbarkeit ist auch der Grund dafür, daß in den beruflichen Schulen (z. B. in Baden-Württemberg) nur noch nach diesem Kontenrahmen unterrichtet wird.

Kontenklassen

Der Kontenrahmen ist nach dem dekadischen System in 10 Kontenklassen mit den Ziffern 0 bis 9 eingeteilt, wobei uns im weiteren Verlauf nur die Kontenklassen der Geschäftsbuchführung (Klasse 0 bis Klasse 8) interessieren:

<table>
<tr><td>Klassen</td><td>Klassen</td><td>Klasse</td><td>Klassen</td><td>Klasse</td><td>Klasse</td></tr>
<tr><td>0, 1, 2</td><td>3, 4</td><td>5</td><td>6, 7</td><td>8</td><td>9</td></tr>
<tr><td>Aktiv-
konten</td><td>Passiv-
konten</td><td>Ertrags-
konten</td><td>Aufwands-
kosten</td><td rowspan="2">Bilanz u.
V+G</td><td rowspan="2">frei für
Kalkulation
(Kosten/
Leistungs-
rechnung)</td></tr>
<tr><td colspan="2">Bilanzkonten</td><td colspan="2">Erfolgskonten</td></tr>
<tr><td colspan="5">Geschäftsbuchführung (Rechnungskreis I)</td><td>Betriebs-
buchführung
(Rechnungs-
kreis II)</td></tr>
</table>

Vergleiche auch mit Seiten 167/168.

Kontengruppen und Kontenarten

Die erste Ziffer **ganz links** bei der Kontenbezeichnung bedeutet die Konten**klasse**. Innerhalb jeder Kontenklasse unterscheiden wir **10 Kontengruppen**. Sie werden durch die zweite Ziffer (immer von links gelesen) zum Ausdruck gebracht. Innerhalb einer Kontengruppe teilt man ein in die einzelnen **Kontenarten**, sprich Konten. Auf diese Weise hat man bei einer dreistelligen Kontenbezeichnung in jeder Kontengruppe 10 Kontenarten zur Verfügung. Sollte diese Zahl von Konten in einer Kontengruppe nicht ausreichen, bezeichnet man die einzelnen Konten mit vierstelligen Ziffern und hat somit jeweils für 100 Konten Platz.

Beispiel:

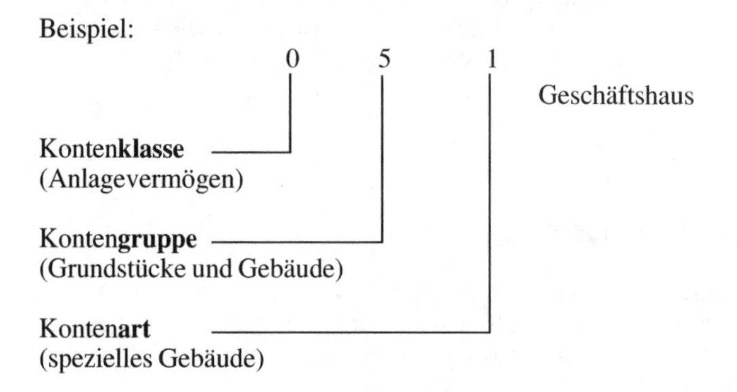

Wenn wir in unserem Betrieb viele Gebäude besitzen, arbeiten wir mit vierstelligen Kontenbezeichnungen:

0510	Hauptverwaltung
0511	Lagerhaus
0512	Garagenbau
	usw.

Der Kontenplan

In jedem Betrieb stellt man bei der Einrichtung der Buchhaltung einen Kontenplan auf. In ihm sind alle vorkommenden Konten vorhanden. Andere Konten dürfen bei der Verbuchung von Geschäftsfällen nicht benützt werden. Die Kontenklassen und die Kontengruppen sind dabei obligatorisch und entsprechen denjenigen des jeweiligen Kontenrahmens. Die einzelnen Kontenarten entsprechen den speziellen Anforderungen des einzelnen Betriebes. Hier kann variiert werden.

Übung 15 (Lösung Seiten 167 und 168)

a) Bestimmen Sie die Kontenklassen folgender Konten eines Großhandelsbetriebes, **ohne** einen Kontenrahmen zu benützen:
   Fuhrpark, Werbe- und Reisekosten, Kundenskonti, Nebenkosten des Finanz- und Geldverkehrs, Wareneinkauf, Warenverkauf, Hausaufwendungen und Erträge, Kundenforderungen, Kasse, Verbindlichkeiten, Betriebs- und Geschäftsausstattung, Warenbezugskosten, Eigenkapital, Darlehensforderungen, Darlehensschulden.
b) Kontrollieren Sie Ihre Lösung an Hand des Kontenrahmens am Ende des Buches und ergänzen Sie die Kontennummern!

Die Umsatzsteuer (Mehrwertsteuer)

Dem Umsatzsteuergesetz vom 29. 5.1967 unterliegen alle Unternehmer, die beruflich oder gewerblich selbständig und nachhaltig zur Erzielung von Einnahmen tätig sind. Im üblichen Sprachgebrauch wird anstelle von Umsatzsteuer der Begriff Mehrwertsteuer verwendet.

Folgende Umsätze sind zu versteuern:
1. Lieferungen und sonstige Leistungen eines Unternehmers im Inland gegen Entgelt.
2. Der Eigenverbrauch, z. B.
   a) Die Entnahme von Gegenständen aus dem eigenen Unternehmen für private Zwecke. Die Entnahme von Leistungen gehört nicht dazu!

b) Die Verwendung (Benutzung) von Gegenständen für Zwecke, die außerhalb des Unternehmens liegen. Als Musterbeispiel sei hier die private Nutzung des Geschäftsautos erwähnt.
c) Alle Repräsentationsaufwendungen, die für den einzelnen Geschäftsfreund jährlich 100,– DM übersteigen (mit Ausnahme von Geldgeschenken). Als Musterbeispiel seien hier folgende Aufwendungen angeführt: Aufwendungen für auswärtige Gästehäuser, Pachtgebühren für Jagden, Aufwendungen für Segeljachten und die dabei anfallenden Bewirtungsspesen.

3. Die Einfuhr von Gegenständen. Man spricht in diesem Zusammenhang auch von der **Einfuhrumsatzsteuer**.

Der allgemeine Steuersatz beträgt 14 %*. Ein ermäßigter Steuersatz von 7 % gilt u. a. für die Umsätze aus freiberuflicher Tätigkeit, des Buchhandels und graphischen Gewerbes sowie für Umsätze von Lebensmitteln und landwirtschaftlichen Erzeugnissen, die in einer besonderen Liste aufgeführt sind. Jede Rechnung muß den Nettopreis und den Umsatzsteuerbetrag gesondert enthalten. Nur bei Rechnungen, die den Gesamtbetrag von 50,– DM nicht übersteigen, kann die Angabe des Steuerbetrages entfallen.
Wie wird die Umsatzsteuer an das Finanzamt abgeführt und wie verbucht man sie? Der einfachste Weg wäre folgender: Derjenige Unternehmer, der eine Ware zum letzten Mal an den Verbraucher verkauft, belastet die Ware mit 14 %* Umsatzsteuer und führt den Betrag an das Finanzamt ab.
Anmerkung: Allen folgenden Beispielen in diesem Buch liegt ein Umsatzsteuersatz von **12 %** zugrunde. Begründung siehe S. 4.

Beispiel:

I. Ein Fabrikant verkauft eine Ware für 100,– DM an einen Einzelhändler.
II. Der Einzelhändler verkauft dieselbe Ware für 150,– DM an den Verbraucher.

Der Staat hat sein Ziel erreicht, wenn er vom letzten (im Normalfall = höchsten) Preis 12% Umsatzsteuer erhält. Dies wären in unserem Beispiel 18,- DM.

*) ab 1. 1. 1993 15 %

Die Rechnung des Einzelhändlers würde dann so aussehen:

Nettobetrag	150,-- DM	100%
+ Umsatzsteuer	18,-- DM	12%
Bruttobetrag	168,-- DM	112%

Unser Einzelhändler würde den gesamten Betrag von 18,- DM an das Finanzamt abführen. Alle anderen Produktionsstufen würden von dem Problem der Umsatzsteuer überhaupt nicht berührt.

Leider ist diese Methode in der Praxis nicht durchführbar, weil sie zu schwer kontrollierbar ist. Auch müßte der Staat auf die Umsatzsteuer warten, bis die Ware den ganzen, oft langen Weg vom Produzenten bis zum Verbraucher durchlaufen hat. Deshalb holt sich der Staat seinen Umsatzsteueranteil in Etappen, von jeder Stufe ratenweise. Dies bedeutet selbstverständlich für die Buchführung der einzelnen Unternehmen eine nicht unbedeutende Mehrbelastung.
In unserem Fall wird sich die Verbuchung der Umsatzsteuer so abspielen, wie es auf dem beigefügten Schaubild (siehe Seite 74) aufgezeichnet ist. Zum besseren Verständnis wird empfohlen, das Schaubild an Hand der folgenden Erklärungen selbst noch einmal aufzuzeichnen und somit Schritt für Schritt entstehen zu lassen.

Ablauf der Verbuchungen auf dem Schaubild

1. Der Fabrikant stellt an den Einzelhändler folgende Ausgangsrechnung aus:

Nettopreis	100,- DM	100%
+ Umsatzsteuer	12,- DM	12%
Bruttopreis	112,- DM	112%

Verbuchung:

240	Kundenforderungen	112,- DM
an 5000	Warenverkauf	100,- DM
480	Umsatzsteuer	12,- DM

Begründung: Der Fabrikant verlangt von dem Kunden den ganzen Betrag von 112,- DM. 100,- DM davon darf er für sich behalten, sie bilden seinen Verkaufserlös. Die restlichen 12,- DM muß der Fabrikant an das Finanzamt abführen. Das Konto 480 Umsatzsteuer hat also den Charakter von Schulden, und zwar Schulden an das Finanzamt. Es ist demnach ein Passivkonto.

2. Der Fabrikant überweist die Umsatzsteuerschuld an das Finanzamt:
   Verbuchung:
   480 Umsatzsteuer 12,– DM an 280 Bank 12,– DM
   Damit hat das Finanzamt die erste Rate in Höhe von 12,- DM erhalten.

3. Was für den Fabrikanten die Ausgangsrechnung ist, bedeutet für den Einzelhändler die Eingangsrechnung. Der Einzelhändler verbucht beim Einkauf der Ware wie folgt:

2000	Wareneinkauf	100,- DM
260	Vorsteuer	12,- DM
an 44	Verbindlichkeiten	112,- DM

Begründung: Der Einzelhändler muß an den Fabrikanten den gesamten Rechnungsbetrag bezahlen, deshalb hat er an ihn eine Schuld (Verbindlichkeit) von 112,- DM. Sein Warenbestand nimmt aber nur um 100,- DM zu, deshalb verbucht er bei Konto 2000 Wareneinkauf nur 100,– DM. Die restlichen 12,– DM muß der Einzelhändler zwar an den Fabrikanten bezahlen, dieser jedoch muß den Betrag an das Finanzamt abführen (siehe Buchung 2). Damit stammen die 12,– DM, die das Finanzamt vom Fabrikanten erhalten hat, letzten Endes vom Einzelhändler. Und deshalb darf der Einzelhändler bei späteren Zahlungen an das Finanzamt diese 12,– DM verrechnen. Man spricht in diesem Zusammenhang vom **Vorsteuerabzug**. Die Vorsteuer hat also den Charakter einer Forderung gegenüber dem Finanzamt. Das Konto Vorsteuer ist ein Aktivkonto.

4. Der Einzelhändler verkauft die Ware an den Verbraucher und stellt folgende Ausgangsrechnung aus:

Nettopreis	150,- DM	100%
+ Umsatzsteuer	18,- DM	12%
Bruttopreis	168,- DM	112%

Verbuchung:

240	Kundenforderung	168,-- DM
an 5000	Warenverkauf	150,-- DM
480	Umsatzsteuer	18,-- DM

Begründung: Der Kunde muß dem Einzelhändler den gesamten Betrag von 168,– DM bezahlen, deshalb buchen wir auf Konto 240 Kundenforderungen 168,– DM. Der Verkauferlös des Einzelhändlers beträgt aber nur 150,– DM. Deshalb wird auf Konto 5000 Warenverkauf nur der Betrag von 150,– DM gebucht. Von den auf Konto 480 Umsatzsteuer verbuchten 18,– DM hat der Einzelhändler über den Weg des Fabrikanten bereits 12,– DM an das Finanzamt bezahlt. Der Einzelhändler verrechnet die Vorsteuer mit dem Konto 480 Umsatzsteuer und ermittelt seine **Zahllast,** d. h. den Betrag, den er noch an das Finanzamt zu entrichten hat. Die Zahllast wird am Ende eines jeden Monats ermittelt mit folgender Buchung:

5. 480 Umsatzsteuer 12,- DM
   an 260 Vorsteuer 12,- DM

6. Bis zum 10. des darauffolgenden Monats muß die Umsatzsteuerschuld an das Finanzamt überwiesen sein.

   Verbuchung:
   480 Umsatzsteuer 6,- DM
   an 280 Bank 6,- DM

Damit hat das Finanzamt in zwei Raten zusammen 18,- DM Umsatzsteuer erhalten. Diese Summe beträgt 12% des Verkaufspreises, den der Einzelhändler gegenüber dem Verbraucher verrechnet hat. Hiermit sind wir wieder am Ausgangspunkt unserer Überlegungen angekommen.

Zum Schluß sei noch kurz auf den Namen Mehrwertsteuer eingegangen. Dieser Name rührt daher, daß jede Wirtschaftsstufe (in unserem Fall = Fabrikant und Einzelhändler) an das Finanzamt 12% von dem Betrag abführen muß, um den diese Stufe die Ware verteuert hat.

Beispiel: Der Einzelhändler hat den Nettopreis der Ware um 50,– DM verteuert. Man spricht auch von einer Wertschöpfung im Werte von 50,- DM. 12% von 50,– DM = 6,- DM. Folglich muß unser Einzelhändler 6,- DM an das Finanzamt abführen, was ja auch der im Beispiel errechneten Zahllast entspricht.

Verbuchung der Umsatzsteuer (Mehrwertsteuer) - Schaubild

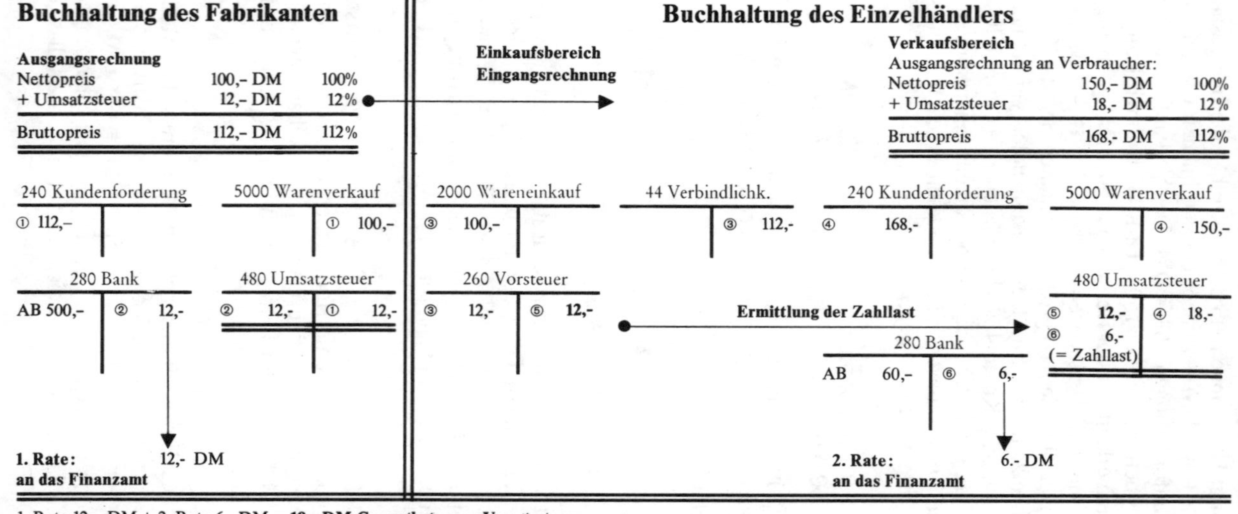

1. Rate 12,- DM + 2. Rate 6.- DM = **18,- DM Gesamtbetrag an Umsatzsteuer**

① = Fabrikant bucht Ausgangsrechnung
② = Fabrikant überweist Umsatzsteuerschuld an das Finanzamt
③ = Einzelhändler bucht Eingangsrechnung
④ = Einzelhändler bucht Ausgangsrechnung
⑤ = Einzelhändler ermittelt die Zahllast
⑥ = Einzelhändler überweist Umsatzsteuerschuld an das Finanzamt

Zusammenfassend stellen wir fest:
Die Warenkonten bekommen durch die Verbuchung der Umsatzsteuer sozusagen ein Anhängsel.

1. **Das Konto 2000 Wareneinkauf bekommt das Konto 260 Vorsteuer zugeordnet. Die Vorsteuer hat den Charakter von Forderungen gegenüber dem Finanzamt. Es handelt sich um ein Aktivkonto.**
2. **Das Konto 5000 Warenverkauf bekommt das Konto 480 Umsatzsteuer zugeordnet. Die Umsatzsteuer hat den Charakter von Verbindlichkeiten gegenüber dem Finanzamt. Es handelt sich hier um ein Passivkonto.**
3. **Konto 260 Vorsteuer und Konto 480 Umsatzsteuer werden immer auf derselben Seite gebucht wie die entsprechenden Warenkonten.**

4. **a) Buchung beim Wareneinkauf:**

2000 Wareneinkauf	
260 Vorsteuer	**an 282 Kasse**

   b) Buchung beim Warenverkauf:

282 Kasse	**an 5000 Warenverkauf**
	480 Umsatzsteuer

5. **Am Ende eines jeden Monats wird das Konto 260 Vorsteuer über das Konto 480 Umsatzsteuer abgeschlossen. Der auf Konto 480 Umsatzsteuer verbleibende Überschuß (im Normalfall ist bei Konto 480 Umsatzsteuer die Habenseite größer) bildet die an das Finanzamt abzuführende Zahllast. In Ausnahmefällen kann auch einmal die Vorsteuer größer sein als die Umsatzsteuer. Bei Beträgen über 1000,– DM wird sie vom Finanzamt zurückerstattet. Andernfalls erfolgt eine Verrechnung mit der Umsatzsteuer des folgenden Monats.**

Übung 16 (Lösung Seite 147)

Bilden Sie die Buchungssätze für folgende Geschäftsfälle:

1. Wareneinkauf auf Ziel

Nettobetrag	200,– DM
+ Umsatzsteuer	24,– DM
Bruttobetrag	224,– DM

2. Barverkauf von Waren

Nettobetrag	500,- DM
+ Umsatzsteuer	60,- DM
Bruttobetrag	560,- DM

3. Barzahlung für Benzinrechnung

Nettobetrag	70,-- DM
+ Umsatzsteuer	8,40 DM
Bruttobetrag	78,40 DM

4. Banküberweisung für Gebäudereparatur

Nettobetrag	500,- DM
+ Umsatzsteuer	60,- DM
Bruttobetrag	560,- DM

5. Zielverkauf von Waren

Nettobetrag	2500,- DM
+ Umsatzsteuer	300,- DM
Bruttobetrag	2800,- DM

6. Ermitteln Sie die an das Finanzamt zu zahlende Zahllast!

Die Verbuchung der Umsatzsteuer bei Warenrücksendungen, Preisnachlässen und Skontiabzügen

Bei Warenrücksendungen, Preisnachlässen und Skontiabzügen handelt es sich in allen Fällen um nachträgliche Korrekturen von bereits gebuchten Vorgängen. Im Prinzip sind diese Fälle sehr leicht zu buchen, wenn man sich an folgende Faustregel hält:

1. Wie wurde der Normalfall gebucht?
2. Diesen Normalfall (1) muß man stornieren (= rückbuchen). Dies geschieht durch die Umkehrung der Normalbuchung.

Beispiele:

I. Wir senden mangelhafte Waren im Werte von

Nettobetrag	100,- DM
+ Umsatzsteuer	12,- DM
Bruttobetrag	112,- DM

an unseren Lieferanten zurück. Wie ist zu buchen?

Lösung nach Faustregel:

① Verbuchung des Normalfalles, d. h. des Einkaufes der Waren:

2000	Wareneinkauf	100,- DM
260	Vorsteuer	12,- DM
an 44	Verbindlichkeiten	112,- DM

② Diesen Normalfall (1) müssen wir durch Stornierung ungültig machen:

44	Verbindlichkeiten	112,– DM
an 2000	Wareneinkauf*	100,– DM
260	Vorsteuer	12,– DM

*) oder: 2002 Rücksendungen

Kontenmäßige Darstellung:

S	2000 Wareneink.		H
①	100,-	②	100,-

S	260 Vorsteuer		H
①	12,-	②	12,-

S	44 Verbindlichk.		H
②	112,-	①	112,-

II. Unser Kunde, dem wir Waren im Werte von 500,- DM Netto + 60,- DM Umsatzsteuer = 560,- DM Brutto verkauft haben, bekommt einen Nachlaß von 10%. Wie ist zu buchen? Grundsätzlich ist zu bemerken, daß Preisnachlässe in der Buchführung dieselbe Wirkung haben wie Warenrücksendungen.

Lösung nach Faustregel:

① Verbuchung des Normalfalles, d. h. des Verkaufes der Waren:

240	Kundenforderungen	560,– DM
an 5000	Warenverkauf**	500,– DM
480	Umsatzsteuer	60,– DM

② Diesen Normalfall (1) müssen wir durch Stornierung teilweise ungültig machen.

		10% Nachlaß	
Nettobetrag	500,- DM	50,- DM	(Kürzung des Erlöses aus Warenverkäufen)
+ Umsatzsteuer	60,- DM	6,- DM	(Kürzung der Umsatzsteuer)
Bruttobetrag	560,- DM	56,- DM	

Verbuchung:

5000	Warenverkauf**	50,– DM
480	Umsatzsteuer	6,– DM
an 240	Kundenforderung	56,– DM

**) oder: 5001 Rücksendungen und Preisnachlässe

Kontenmäßige Darstellung:

S	240 Kundenforderung		H
①	560,-	②	56,-

S	480 Umsatzsteuer		H
②	**6,-**	①	60,-

S	5000 Warenverkauf		H
②	**50,-**	①	500,-

III. Wir bezahlen an unseren Lieferanten eine Rechnung im Werte von:

Nettobetrag	200,- DM
+ Umsatzsteuer	24,- DM
Bruttobetrag	224,- DM

unter Abzug von 2% Skonto durch Banküberweisung.

Lösung nach Faustregel:

① Verbuchung des Normalfalles, d. h. des Einkaufes der Waren:

2000	Wareneinkauf	200,– DM
260	Vorsteuer	24,– DM
an 44	Verbindlichkeiten	224,– DM

② Diesen Normalfall (1) müssen wir durch den Skontoabzug teilweise stornieren:

		2% Skonto	Restschuld
Nettobetrag	200,– DM	4,–– DM	
+ Umsatzsteuer	24,– DM	0,48 DM	
Bruttobetrag	224,– DM	4,48 DM	219,52 DM

Verbuchung:

44	Verbindlichkeiten	4,48 DM
an 2003	Liefererskonti	4,– DM*
260	Vorsteuer	0,48 DM

Verbuchung der Banküberweisung:

③ 44	Verbindlichkeiten	219,52 DM
an 280	Bank	219,52 DM

Der gesamte Buchungssatz bei Bezahlung der Rechnung unter Skontoabzug würde demnach lauten:

44	Verbindlichkeiten	224,– DM
an 280	Bank	219,52 DM
2003	Liefererskonti	4,– DM
260	Vorsteuer	0,48 DM

Kontenmäßige Darstellung:

S 2000 Wareneink. H

S	H
① 200,–	

S 260 Vorsteuer H

S	H
① 24,–	② **0,48**

S 44 Verbindlichk. H

S	H
② **4,48**	① 224,–
③ **219,52**	
224,–	224,–

S 280 Bank H

S	H
	③ **219,52**

S 2003 Liefererskonti H

S	H
	② **4,–**

*) Wie uns schon bekannt ist, werden Skontiabzüge im Großhandelsbetrieb nicht über die Warenkonten gebucht, sondern auf extra dafür eingerichtete Konten 2003 Liefererskonti bzw. 5002 Kundenskonti.

Verbuchung der Umsatzsteuer im Netto- bzw. Bruttoverfahren

Das Nettoverfahren:

Wenn man die Umsatzsteuer bei jedem einzelnen Geschäftsfall ausbucht, so wie wir dies in den vorausgegangenen Abschnitten getan haben, spricht man vom sogenannten Nettoverfahren. Dies hat besonders im Bereich des Wareneinkaufes und Warenverkaufes eine Aufblähung der Buchführung mit sich gebracht. Verbuchen wir noch einmal einen Wareneinkauf im Nettoverfahren:

Nettobetrag	100,- DM
+ Umsatzsteuer	12,- DM
Bruttobetrag	112,- DM

Buchungssatz:

2000 Wareneinkauf	100,– DM
260 Vorsteuer	12,– DM
an 44 Verbindlichkeiten	112,– DM

Das Bruttoverfahren:

In der Praxis hat man sich überlegt, wie man die Buchführung rationalisieren kann. Dabei ist man zu folgendem Ergebnis gekommen: Im Bereich des Wareneinkaufs und des Warenverkaufs bucht man den ganzen Monat im Bruttoverfahren, d. h. man bucht bewußt falsch. Am Ende des Monats wird mit einer Berichtigungsbuchung die Umsatzsteuer ausgebucht.

I. Beispiel im Bereich des Wareneinkaufs:

① Wareneinkauf auf Ziel:	Bruttowert 224,- DM
② Bareinkauf von Waren:	Bruttowert 560,- DM

Buchungen:

S	2000 Wareneinkauf		H
①	224,-	③	**84,-**
②	560,-		

S	44 Verbindlichkeiten		H
		①	224,-

S	260 Vorsteuer		H
③	**84,-**		

S	282 Kasse		H
		②	560,-

Korrektur am Ende des Monats:

Summe von Konto 2000 Wareneinkauf = 784,– DM = 112%
Darin enthaltene Umsatzsteuer = 84,– DM = 12%

$$\frac{784 \times 12}{112} = 84,\text{- DM}$$

Die in den Bruttobeträgen enthaltene Umsatzsteuer (in unserem Falle Vorsteuer) im Betrage von 84,- DM wird am Monatsende folgendermaßen ausgebucht:

③ 260 Vorsteuer 84,– DM
an 2000 Wareneinkauf 84,– DM

Auf dem Gebiet des Warenverkaufs verfährt man ebenso. Die Korrekturbuchung am Ende des Monats lautet hier:

5000 Warenverkauf an 480 Umsatzsteuer

Die Konten 5002 Kundenskonti und 2003 Liefererskonti werden ebenfalls im Bruttoverfahren verbucht. Der Ausgleich von Konto 5002 Kundenskonti geschieht über Konto 480 Umsatzsteuer. Buchung:

480 Umsatzsteuer an 5002 Kundenskonti

Der Ausgleich von Konto 2003 Liefererskonti geschieht über Konto 260 Vorsteuer. Buchung:

2003 Liefererskonti an 260 Vorsteuer

Übung 17 (Lösung Seite 147 ff.)

I Bilden Sie die Buchungssätze für folgende Geschäftsvorfälle und wenden Sie dabei das Nettoverfahren an.

1. Wir verkaufen Waren auf Ziel

Nettobetrag	300,- DM
+ Umsatzsteuer	36,- DM
Bruttobetrag	336,- DM

2. Auf Grund eines Mangels gewähren wir unserem Kunden (Fall 1) 10% Nachlaß.
3. Den Rest der Rechnung überweist unser Kunde abzüglich 2% Skonto.
4. Wir kaufen Waren auf Ziel

Nettobetrag	500,- DM
+ Umsatzsteuer	60,- DM
Bruttobetrag	560,- DM

5. Ein Teil der Ware (Fall 4) ist mangelhaft. Wir senden die mangelhafte Ware an unseren Lieferer zurück:

Nettowert	80,-- DM
+ Umsatzsteuer	9,60 DM
Bruttowert	89,60 DM

6. Den Rest der Rechnung überweisen wir an unseren Lieferer unter Abzug von 3% Skonto.

II. Verbuchen Sie die Fälle 1 bis 6 im Bruttoverfahren mit anschließender Korrektur der betreffenden Konten.

Zusammenfassender Geschäftsgang aus dem Großhandel

Übung 18 (Lösung Seite 152 ff.)

Die Großhandlung Fritz Klug, Hamburg, hat folgende Anfangsbestände ausgewiesen:

Geschäftsausstattung	5000,- DM
Waren	49000,- DM

Forderungen:		
Karl Josenhans, Hamburg	2500,- DM	
Werner Karsten, Hamburg	550,- DM	
Klaus Schulze, Hamburg,	350,- DM	3400,- DM
Wechselforderungen		1300,- DM
Kassenbestand		700,- DM
Bankguthaben		16100,- DM
Verbindlichkeiten:		
Nährmittelwerke, Ulm	3800,- DM	
Franz Freund, Celle,	5300,- DM	9100,- DM
Wechselschulden		1200,- DM

I. Fertigen Sie aus diesen Angaben ein Inventarverzeichnis an.

II. Erstellen Sie die Eröffnungsbilanz

III. Eröffnen Sie die Konten in einem 32-Konten-Blatt nach folgendem Kontenplan: 080, 089, 2000, 2003, 240, 245, 260, 280, 282, 300, 3001, 44, 45, 480, 5000, 5002, 63, 650, 670, 675, 680, 700/770, 801, 802.

IV. Übertragen Sie die Anfangsbestände aus der Eröffnungsbilanz in die in (III) eröffneten Konten.

V. Verbuchen Sie die folgenden Geschäftsfälle. Schreiben Sie außer dem Betrag die Nummer des Geschäftsfalles und die Kontonummer des Gegenkontos in die Textspalte des jeweiligen Kontos.
Auf dem Gebiet des Wareneinkaufs und des Warenverkaufs ist das Bruttoverfahren anzuwenden! Bei den übrigen Geschäftsfällen ist die Umsatzsteuer sofort auszubuchen (Nettoverfahren).

1. Banküberweisung von Karsten für Rechnung von

Bruttobetrag	400,- DM
- Skontoabzug	8,- DM
Überweisung	392,- DM

2. Banküberweisung an Franz Freund für Rechnung von

Bruttobetrag	5300,- DM
- Skontoabzug	159,- DM
Überweisung	5141,- DM

3. Wir übergeben unserer Bank einen Besitzwechsel zum Inkasso am Verfalltag. Abrechnung der Bank:

Wechselbetrag	1300,- DM
- Inkassoprovision	5,- DM
Gutschrift der Bank	1295,- DM

4. Wir ziehen einen Wechsel auf unsern Kunden Karl Josenhans in Höhe von 1100,- DM.
5. Wir kaufen Waren auf Ziel von Franz Freund im Bruttowert von 12800,- DM.
6. Kasseneingänge für Barverkäufe für die Zeit vom 1. bis 6. d. M. Bruttowert 24220,- DM.
7. Karl Josenhans sendet an uns mangelhafte Waren zurück im Bruttowert von 777,- DM.
8. Privatentnahme des Inhabers in bar 750,- DM.
9. Barzahlung für Geschäftsmiete 450,- DM.
10. Verkauf von Waren auf Ziel an Klaus Schulze. Bruttowert 530,- DM.
11. Weitergabe des auf Karl Josenhans gezogenen Wechsels (Fall 4) an Franz Freund an Zahlungs Statt 1100,- DM.
12. Einkauf von Waren auf Ziel von den Nährmittelwerken, Ulm, Bruttowert 13400,- DM.
13. Barzahlung für Reinigung des Teppichbodens für die Geschäftsräume

Nettobetrag	90,-- DM
+ Umsatzsteuer	10,80 DM
Bruttobetrag	100,80 DM

14. Bareinlage des Geschäftsinhabers 2900,- DM
15. Die Nährmittelwerke, Ulm, gewähren uns wegen mangelhafter Lieferung einen Preisnachlaß: Bruttowert 166,50 DM.
16. Warenentnahme des Inhabers für Privatverbrauch: Bruttowert 133,20 DM.
17. Kauf einer Rechenmaschine gegen Banküberweisung:

Nettobetrag	650,-- DM
+ Umsatzsteuer	78,- DM
Überweisung	728,- DM

18. Banküberweisung für Telefongebühren 135,- DM.
19. Barauszahlung von Gehältern 1300,- DM.
20. Banküberweisung für Gewerbesteuer 240,- DM.
21. Kasseneingang für Barverkäufe für die Zeit vom 16. bis 21. d. M., Bruttowert 27100,- DM.
22. Bareinlage bei der Bank 46500,- DM.
23. Banküberweisung an Franz Freund 12800,- DM.

VI. Angaben für den Abschluß

Berichtigung der Umsatzsteuer:

24. Buchen Sie die in Konto 2000 Wareneinkauf enthaltenen 12% Vorsteuer um.
25. Buchen Sie die in Konto 2003 Liefererskonti enthaltenen 12% Vorsteuer um.
26. Buchen Sie die in Konto 5000 Warenverkauf enthaltenen 12% Umsatzsteuer um.
27. Buchen Sie die in Konto 5002 Kundenskonti enthaltenen 12% Umsatzsteuer um.
28. Schließen Sie Konto 260 Vorsteuer ab über Konto 480 Umsatzsteuer.

Abschluß von Konto Privat

29. Schließen Sie Konto 3001 Privat ab über Konto 300 Kapital.

Abschreibungen

30. Die geringwertigen Wirtschaftsgüter (Konto 089) sind voll abzuschreiben.
31. Abschreibung auf Geschäftsausstattung 150,- DM.

Inventurbestände

32. a) Warenschlußbestand 48000,- DM.
    b) Auf den übrigen Bestandskonten stimmen die Buchwerte (= Salden) mit den Inventurwerten überein.

Aufteilung der Buchführung in Bilanzbuch, Hauptbuch, Grundbuch (Journal) und Nebenbücher

Aus der Verbuchung unseres kleinen Geschäftsganges im vorigen Kapitel können wir leicht folgern, daß die von uns angewandte äußere Form für die Praxis nicht anwendbar ist. Wir müssen unsere Buchführung jetzt so organisieren, daß sie bei vielen Buchungsfällen pro Tag leistungsfähig ist und vor allem auch übersichtlich bleibt. Das Grundprinzip dazu ist uns schon bekannt: Als wir zu Beginn unserer Betrachtungen feststellten, daß wir auf dem Bilanzkonto (siehe Seite 20) für die Aufzeichnung der Veränderungen keinen Platz mehr haben, sind wir einfach ausgewichen, indem wir für jeden Bilanzposten ein eigenes Konto eröffnet haben. Diesen Weg gehen wir konsequent weiter. Er führt uns zu folgender Grundorganisation in der Buchführung:

I. Ausgangspunkt unserer Buchführung ist nach wie vor unser Inventarverzeichnis.

II. Aus dem Inventar fertigen wir in der uns bekannten Weise unsere Eröffnungsbilanz. Diese wird eingetragen in das sogenannte **Bilanzbuch.**

III. Das Bilanzkonto wird aufgelöst in die einzelnen Konten. Auch dieser Vorgang ist uns bereits bekannt. Diese Konten stehen im sogenannten **Hauptbuch**. Außerdem enthält das Hauptbuch noch die Erfolgskonten aus unserem Kontenplan. Dem Hauptbuch entspricht in unserem vorigen Geschäftsgang das 32-Konten-Blatt, und zwar **nach** Eröffnung der Konten und **nach** Übertragung der Anfangsbestände aus der Eröffnungsbilanz, aber **ohne** die Buchungen für die laufenden Geschäftsfälle.

IV. Wenn die Konten nach dem Kontenplan im Hauptbuch angelegt sind, und nachdem die Anfangsbestände aus der Eröffnungsbilanz in diese Konten übertragen wurden, legt man das Hauptbuch zur Seite. Die täglich anfallenden Buchungen verbucht man im **Grundbuch**, auch **Journal** genannt. Am Monatsende addiert man das Journal auf und überträgt die Summen auf die Konten des Hauptbuches, so daß ein Konto im Hauptbuch außer dem Anfangsbestand nur noch die 12 Monatsumsätze im Soll und im Haben enthält. Dadurch werden die Konten im Hauptbuch handlich und übersichtlich.

V. Außer den uns jetzt schon bekannten Büchern

Bilanzbuch
Hauptbuch
Grundbuch oder Journal

hat jede Buchführung noch verschiedene **Nebenbücher**. Zu den wichtigsten Nebenbüchern gehört die **Kunden-** und die **Lieferantenkartei**. In ihr werden die Konten Kundenforderungen bzw. Verbindlichkeiten nach den einzelnen Kunden bzw. Lieferanten aufgelöst, so daß man auf Anhieb feststellen kann, wieviel man von jedem einzelnen Kunden zu fordern hat und wieviel man an jeden einzelnen Lieferanten zu zahlen hat. Die Kundenkartei ist auch das Rückgrat der Mahnabteilung.

Weitere Nebenbücher sind z. B. die **Warenkartei**, in der jede Warensorte gesondert geführt wird, das **Wechselkopierbuch**, in dem die wichtigsten Angaben über die ein- und ausgehenden Wechsel festgehalten werden, und das **Kassenbuch**, das heute z. B. durch den Streifen der Registrierkasse dargestellt werden kann.

Schematisch gesehen ergibt sich für die Grundorganisation der Buchführung im herkömmlichen Sinne folgendes Bild:

Die Grundorganisation in der Buchführung

I. Inventarverzeichnis

II. Bilanzbuch

III. Hauptbuch

S	Aktivkonten	H
AB Umsätze		Umsätze

S	Passivkonten	H
Umsätze		AB Umsätze

S	Erfolgskonten	H
Auf- wendungen		Erträge

Enthält:
1. Anfangsbestände
2. Monatsumsätze
3. Abschlußbuchungen

↑ Monatsumsätze

IV. Grundbuch oder Journal

Enthält die täglichen Buchungen. Es wird am Monatsende aufaddiert (amerikanisches Journal).
Die Summen der einzelnen Konten werden als »Umsatz« ins Hauptbuch übertragen.

V. Nebenbücher
zum Beispiel

Kundenkartei

Lieferantenkartei

Warenkartei

Wechselkopierbuch

Kassenbuch

Zum Schluß seien noch zwei Arten von Grundbüchern erwähnt:

I. Das amerikanische Journal:

In ihm wird jeder Geschäftsfall mit einem kurzen Text festgehalten und dann auf die sich rechts anschließenden Konten verbucht (siehe beigefügtes Musterjournal mit den Buchungen unseres vorhergegangenen Geschäftsganges!). (Seiten 92 u. 93)

Nachteile des amerikanischen Journals:

1. Es faßt nur eine sehr begrenzte Anzahl von Konten.
2. Die Kunden- und Liefererkarteien müssen durch nochmaliges Herausschreiben angelegt werden. Dadurch besteht die Gefahr, daß Schreibfehler unterlaufen. (Seite 91)
3. Wir haben eine enorme Papierverschwendung, weil auf jeder Zeile nur zwei Konten gebucht werden können. Alle übrigen Konten bleiben leer.

Das amerikanische Journal findet heute nur noch in Kleinbetrieben vereinzelt Anwendung.

II. Das Journal in der Durchschreibebuchführung

Der Grundgedanke ist verblüffend einfach: Die Soll- bzw. Habenspalte der Kundenkarteikarte deckt sich mit den entsprechenden Spalten des Kontos Kundenforderungen auf dem Journal. Desgleichen decken sich die Spalten der Liefererkarteikarten mit dem Journalkonto Verbindlichkeiten. Alle übrigen Konten (= Sachkonten) werden auf Karteikarten verbucht, deren Soll- bzw. Habenspalte sich mit dem anschließenden Journalkonto decken. Auf dem Journal handelt es sich dann sinngemäß um ein Sammelkonto. Nur auf den einzelnen Karteikarten der verschiedenen Sachkonten sind die Beträge nach Kontenarten getrennt. Dadurch ist das Journal in der Durchschreibebuchführung zusammengeschrumpft auf die drei Konten.

a) Kunden-forderungen (Debitoren)		b) Verbindlichkeiten (Kreditoren)		c) Sachkonten	
Soll	Haben	Soll	Haben	Soll	Haben

Durch Auflegen der jeweiligen Karteikarte wird die Buchung im Journal gleich durchgeschrieben. Es können also keine Übertragungsfehler entstehen wie beim Anlegen der Karteien bei Verwendung des amerikanischen Journals. Außerdem ist man bei der Anzahl der benötigten Konten nicht mehr eingeengt. Aber auch die Durchschreibebuchführung hat ihren Nachteil. Durch die Lose-Kartei-Form können einzelne Karteikarten verloren gehen. Auch sind einzelne Kontenkarten nicht mehr auffindbar, weil sie falsch einsortiert wurden. (Siehe Seite 91)

Beispiel für eine Kundenkarteikarte

(in Verbindung mit amerikanischem Journal)

Soll — Karl Josenhans, Hamburg — Haben

1.1.	Anfangsbestand aus Vormonat	2 500.—	4.1.	Unsere Tratte		1 100.—
			7.1.	Rücksendung		777.—
			31.1.	Saldo		623.—
		2 500.—				2 500.—
1.2.	Anfangsbestand aus Vormonat	623.—				

Beispiel einer Lieferantenkarteikarte

(in Verbindung mit amerikanischem Journal)

Soll — Franz Freund, Celle — Haben

2.1.	Banküberweisung	5 300.—	1.1.	Anfangsbest. aus Vorm.		5 300.—
23.1.	Banküberweisung	12 800.—	5.1.	Zieleinkauf		12 800.—
		18 100.—				18 100.—
				Anfangsbestand aus Vormonat		——

Schematische Darstellung der Durchschreibebuchführung (Seite 91)

Buchungsbeispiel: Unser Kunde Karl Josenhans zahlt uns 150,– DM in bar.

Buchungssatz:

282 Kasse 150,– DM an 240 Kundenforderungen 150,– DM

Journal

Datum	Text	240 Kundenforderungen Soll	Haben	44 Verbindlichkeiten Soll	Haben	Sachkonten Soll	Haben
1.	Karl Josenhans, Barzahlung		150,-				
1.	Karl Josenhans, Barzahlung					150,-	

Kundenkarte: Karl Josenhans Kdn. Nr. 2400

Datum	Text	Soll	Haben	-	-	-	-
1.	Karl Josenhans, Barzahlung		150,-				

Liefererkarte

Datum	Text	-	-	Soll	Haben	-	-

Sachkonto 282 Kasse

		-	-	-	-	Soll	Haben
1.	Karl Josenhans, Barzahlung					150,-	

Amerikanisches Journal

Dat.		Buchungstext	Summen	282 Kasse		280 Bank		2000 W'Einkauf		44 Verbindlichk.		240 Kundenford.		5000 W'Ve	
				S	H	S	H	S	H	S	H	S	H	S	
1.		**Werner Karsten,** Bankzuweisung	400.–			392.–							400.–		
2.		**Franz Freund,** Banküberweisung	5 300.–				5 141.–			5 300.–					
3.		Inkassowechsel	1 300.–			1 295.–									
4.		**Karl Josenhans,** unsere Tratte	1 100.–										1 100.–		
5.		**Franz Freund,** Wareneinkauf	12 800.–					12 800.–			12 800.–				
6.		Barverkäufe, 1. bis 6. d. M.	24 220.–	24 220.–											24
7.		**Karl Josenhans,** Warenrücksendung	777.–										777.–	777.–	
8.		Privatentnahme, bar	750.–		750.–										
9.		Zahlung für Geschäftsmiete, bar	450.–		450.–										
10.		**Klaus Schulze,** Zielverkauf	530.–									530.–			5
11.		**Franz Freund,** Wechselweitergabe	1 100.–							1 100.–					
12.		**Nährmittelwerke Ulm,** Zieleinkauf	13 400.–					13 400.–			13 400.–				
13.		Barzahlung für Heizöl	100.80		100.80										
14.		Bareinlage des Inhabers	2 900.–	2 900.–											
15.		**Nährmittelwerke Ulm,** Preisnachlaß	166.50						166.50	166.50					
16.		Warenentnahme, Privat	133.20												13
17.		Banküberw. für Rechenmaschine	728.–				728.–								
18.		Banküberw. für Telefongebühren	135.–				135.–								
19.		Gehaltszahlung, bar	1 300.–		1 300.–										
20.		Banküberw. für Gewerbesteuer	240.–				240.–								
21.		Barverkäufe, 7. bis 21. d. M.	27 100.–	27 100.–											27
22.		Bareinlage bei der Bank	46 500.–		46 500.–	46 500.–									
23.		**Franz Freund,** Banküberweisung	12 800.–				12 800.–			12 800.–					
			154 230,50	54 220.–	49 100.80	48 187.–	19 044.–	26 200.–	166.50	19 366.50	26 200.–	530.–	2 277.–	777.–	51

…rsteuer	3001 Privat		5002 K'Skonti		2003 L'Skonti		245 W'Forder.		63 Personalk.		670 GRK		680 AVK		verschiedene Konten		Kontenbenennung der verschiedenen Konten
H	S	H	S	H	S	H	S	H	S	H	S	H	S	H	S	H	
			8.–														
						159.–											
								1 300.–							5.–		675 Neko
							1 100.–										
	750.–																
											450.–						
								1 100.–									
											90.–						
		2 900.–															
	133.20																089
															650.–		Geringwertige Wirtschaftsgüter
													135.–				
									1 300.–								
															240.–		700/770 Gew.-St.
	883.20	2 900.–	8.–			159.–	1 100.–	2 400.–	1 300.–		540.–		135.–		895.–		

Abschluß auf der Betriebsübersicht

Auch in diesem Kapitel handelt es sich um ein Problem der Darstellung. Bei den Abschlußbuchungen in unserem kleinen Geschäftsgang im vorletzten Kapitel haben wir sicher drei Feststellungen gemacht:

1. Der Abschluß auf den Konten des Hauptbuches (in unserem Fall auf den Konten des 32-Konten-Blattes) ist umständlich. Es muß oft geblättert werden. Dabei können leicht Fehler unterlaufen.
2. Beim Abschluß im Hauptbuch haben wir keine Möglichkeiten zu Zwischenkontrollen. Wenn nach der allerletzten Buchung die Schlußbilanz nicht stimmt, muß der ganze Abschlußvorgang nocheinmal überprüft werden.
3. Die ganze Darstellung ist nicht übersichtlich genug.

Aus diesen Gründen macht jeder Kaufmann seinen Abschluß sozusagen erst auf Konzept. Als Konzeptblatt benützt er die **Betriebsübersicht**. Bei allen jetzt folgenden Ausführungen müssen wir uns jedoch immer im klaren sein, daß sich inhaltlich nichts verändert. Der Abschluß wird nur in einer übersichtlicheren Form dargestellt. Ausgangspunkt sind nach wie vor die Konten unseres Hauptbuches, und zwar die aufaddierten Summen jeder Seite eines jeden Kontos. Ein Beispiel soll uns dies verdeutlichen: In der ersten Kontenspalte der Betriebsübersicht (siehe Seite 100), die mit **Summenbilanz** überschrieben ist, finden wir bei dem Bestandskonto 282 Kasse im Soll den Betrag von 151750,– DM. Diese Zahl enthält den Kassenbestand zu Beginn des Jahres und die aus dem Journal monatlich übertragenen Kasseneingänge. Die Zahl im Haben ist mit 150060,– DM angegeben. Dieser Betrag entspricht der aufaddierten Habenseite des Kassenkontos und stellt alle Kassenausgänge während des Jahres dar. Bei den Erfolgskonten der Kontenklassen 5, 6 und 7 stellen die in der Summenbilanz angegebenen Zahlen die jeweiligen Umsätze dar (im Soll = Aufwendungen, im Haben = Erträge). Machen Sie sich diesen ersten Schritt durch Überdenken aller Konten noch einmal deutlich. Überlegen Sie sich dabei:

1. In welcher Seite ist der Anfangsbestand enthalten?
2. Auf welcher Seite stehen die Zugänge?
3. Auf welcher Seite stehen die Abgänge?
4. Auf welchen Konten gibt es keine Anfangsbestände?

Da unsere Konten immer im Gleichgewicht sind (die Eröffnungsbilanz ist im Gleichgewicht, die laufenden Buchungen ergeben wiederum Gleichgewicht), ergibt sich beim Addieren der Spalte Summenbilanz unsere erste Zwischenkontrolle: **Sollsumme = Habensumme**.

Jetzt kommen wir zu unserer zweiten Zahlenspalte, die mit **Saldenbilanz I** überschrieben ist. Wir dürfen uns von dem Wort Saldo, das in dieser Überschrift enthalten ist, nicht verwirren lassen. Bei dieser Spalte handelt es sich im Grunde um eine ganz einfache Überlegung, die wir uns am besten wieder an unserem Kassenkonto klarmachen wollen: Der Anfangsbestand und alle Zugänge während des Jahres betragen bei unserem Kassenkonto 151750,- DM. Alle Ausgänge während derselben Zeit betragen 150060,- DM. Diese Darstellung ist zu unübersichtlich. Am Ende des Jahres interessiert mich nur noch, was jetzt zur Zeit in der Kasse enthalten ist, also der **Kassenüberschuß** oder Kassenbestand. In unserem Fall beträgt der Kassenüberschuß 1690,- DM. Diese Zahl tragen wir in die Saldenbilanz I ein, und zwar auf die größere der beiden Seiten, in unserem Fall also auf die Sollseite. Auf der Spalte Saldenbilanz I erfolgen keine Buchungen. Sie enthält nur die Überschüsse aus der Summenbilanz, wobei man diese Überschüsse jeweils auf der größeren Seite stehen läßt. Man schneidet sozusagen nur den Ballast ab, der sich gegenseitig im Soll und im Haben aufhebt.

Schematisch gesehen ergibt sich folgendes Bild:

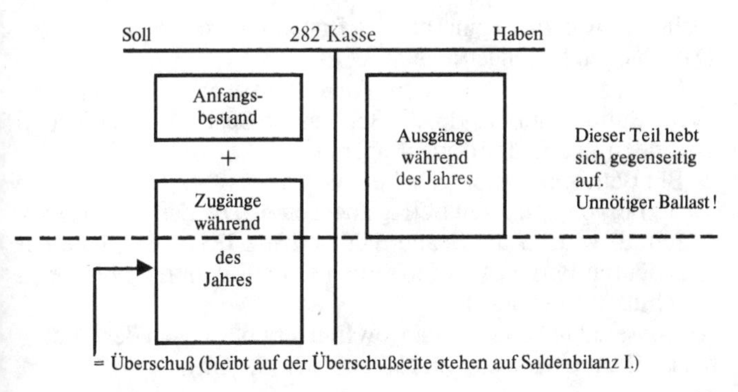

Rechnen Sie unter diesem Gesichtspunkt bitte sämtliche Überschüsse von allen Konten unserer Betriebsübersicht nach und machen Sie sich dabei klar, warum die Zahlen einmal im Soll bzw. ein anderes Mal im Haben stehen. Beachten Sie auch hier die Möglichkeit einer zweiten Zwischenkontrolle! Sollsumme = Habensumme!

Die dritte Spalte unserer Betriebsübersicht, die mit Umbuchungen überschrieben ist, ist die wichtigste. Dies ist die einzige Spalte auf der ganzen Betriebsübersicht, auf der gebucht wird. Diese Spalte dient dazu, die Abschlußbuchungen aufzunehmen.

1. Beispiel:

Konto 260 Vorsteuer wird mit Konto 480 Umsatzsteuer verrechnet. Mit anderen Worten: Das Konto Vorsteuer muß verschwinden. Auf Konto 260 Vorsteuer stehen in der Spalte Saldenbilanz I 375,– DM. Dieser Betrag hebt sich auf, wenn wir auf Spalte Umbuchungen bei Konto 260 Vorsteuer ebenfalls 375,– DM im Haben buchen (+ 375,– DM - 375,– DM = 0). Nun fehlt aber noch die Gegenbuchung, denn auf der Spalte Umbuchungen wird ja gebucht. Diese Gegenbuchung ist sehr einfach, denn wir wissen, daß die Vorsteuer mit der Umsatzsteuer verrechnet wird. Wir buchen also auf der Spalte Umbuchungen bei Konto 480 Umsatzsteuer den Betrag von 375,– DM im Soll. Bleiben wir noch einen Augenblick beim Konto 480 Umsatzsteuer. Wie sieht die Lage hier aus? Wir haben einen Habenbetrag, von 590,– DM (-) auf der Saldenbilanz I. Dieser vorläufige Überschuß wird jetzt durch die Umbuchung im Soll mit 375,– DM (+) korrigiert. Was jetzt kommt, ist wieder dieselbe Überschußrechnerei wie zu Beginn bei der Erstellung der Saldenbilanz I. Dabei gelten folgende Regeln:

1. Beträge mit den gleichen Vorzeichen werden addiert und die Summe auf die gleiche Seite in die Spalte Saldenbilanz II (endgültige Salden) eingetragen.
2. Bei Beträgen mit ungleichen Vorzeichen wird der kleinere Betrag vom größeren Betrag abgezogen. Die Differenz (Überschuß) wird in die Spalte Saldenbilanz II auf der Seite des größeren Betrages eingetragen. (Keine Buchung! Nur Überschuß ausrechnen!)

Auf unsere Umsatzsteuer angewandt, ergibt sich bei der Saldenbilanz II ein Überschuß im **Haben** von 215,- DM.

2. Beispiel:

Das Konto 3001 Privat wird abgeschlossen über Konto 300 Kapital. Buchungssatz:

300 Kapital 8 400,– DM an 3001 Privat 8 400,– DM

Kontrollieren Sie bitte die Auswirkungen bei den Konten 300 Kapital und 3001 Privat auf der Spalte Saldenbilanz II! Wenden Sie dabei unsere neue Regel an!

3. Beispiel:

Abschreibungen.

a) Abschreibung auf Gebäude 880,- DM.
Buchungssatz:
650 Abschreibungen 880,– DM an 051 Gebäude 880,– DM

b) Abschreibung auf Geschäftsausstattung 900,- DM.
Buchungssatz:
650 Abschreibungen 900,– DM
an 080 Geschäftsausstattung 900,– DM

Prüfen Sie an Hand unserer Regel die Beträge auf der Saldenbilanz II bei den entsprechenden Konten nach!

4. Beispiel

Warenschlußbestand 22 700,- DM.
Hier gilt es aufzupassen.

1. Wir beginnen in diesem Fall mit dem Endergebnis. Daß der Inventurbestand an Waren auf die Aktivseite der Schlußbilanz gehört, wissen wir. Also handeln wir dementsprechend. Wir tragen den Warenschlußbestand in der Schlußbilanz auf Konto 2000 Wareneinkauf in die Aktivseite ein.
2. Damit haben wir aber auch zugleich unseren endgültigen Saldo. Wir tragen auf der Spalte Saldenbilanz II auf Konto 2000 Wareneinkauf dieselben 22 700,– DM im Soll ein.
3. Nun haben wir noch folgende Ungereimtheit zu lösen: Auf der Saldenbilanz I stehen bei Konto 2000 Wareneinkauf 374 600,– DM im Soll. Bei den endgültigen Salden sind es auf demselben Konto 2000 Wareneinkauf aber nur noch 22 700,– DM im Soll.

Was ist hier passiert? Die Erklärung ist sehr einfach. Wir hatten während des Jahres insgesamt für 374600,- DM Waren am Lager. Am Jahresende sind es aber nur noch für 22700,- DM. Der Rest der Ware wurde verkauft. Die Differenz von 351900,- DM stellt die verkaufte Ware dar, bewertet zu Einstandspreisen. Dieselbe Ware, aber zu Verkaufspreisen bewertet, finden wir auf dem Konto 5000 Warenverkauf im Haben mit 480600,– DM. Auf der Spalte Umbuchungen verbuchen wir:

5000 Warenverkauf 351900,– DM
an 2000 Wareneinkauf 351900,– DM

Die Wirkung bei der Spalte Saldenbilanz II ist folgende:

a) Bei Konto 2000 Wareneinkauf bleibt nur noch der gewünschte Inventurbestand von 22700,– DM im Soll übrig.
b) Bei Konto 5000 Warenverkauf bleibt ein Rohertrag von 128700,– DM im Haben übrig. Rohertrag = Verkaufserlös – Einstandspreis der verkauften Ware.

Fassen wir den Abschluß der Warenkonten noch einmal kurz zusammen:

1. Eintragung des Schlußbestandes auf die Aktivseite der Schlußbilanz und die Sollseite der Spalte Saldenbilanz II bei Konto 2000 Wareneinkauf.

2. Verbuchung des Wareneinsatzes (= Differenz zwischen dem Betrag von Konto 2000 Wareneinkauf auf der Spalte Saldenbilanz I und dem Schlußbestand).
   Buchungssatz:
   5000 Warenverkauf an 2000 Wareneinkauf

5. Beispiel

Alle Konten, bei denen in der Umbuchungsspalte keine Buchung vorliegt, können unverändert in die Saldenbilanz II übernommen werden.

Beispiel: Konto Kasse
Saldenbilanz I: 1690,– DM im Soll
Umbuchungen: Keine
Saldenbilanz II: 1690,– DM im Soll

Damit können wir die Betriebsübersicht ergänzen bis einschließlich zur Spalte Saldenbilanz II. Dabei machen wir auf der Spalte Umbuchungen und auf der Spalte Saldenbilanz II jeweils wieder eine Zwischenprobe durch Addition.

Zum Schluß erstellen wir noch die Spalten V&G und Schlußbilanz. Diese Arbeit ist äußerst einfach, denn an den Beträgen und an den Seiten, auf denen die Beträge in der Spalte Saldenbilanz II stehen, ändert sich nichts mehr. Wir müssen nur noch trennen:

Die Bestandskonten auf Schlußbilanz abschreiben.
Die Erfolgskonten auf V&G-Konto abschreiben.

Die letzte Kontrolle besteht darin, daß das V&G-Konto und die Schlußbilanz um dieselbe Zahl nicht aufgehen, es handelt sich hierbei um den Reingewinn bzw. Reinverlust.

Anmerkung: Obwohl die eben geschilderte Lösung für die Warenkonten (4. Beispiel) buchhalterisch gesehen die schönere ist, hat sich in der Praxis eine zweite Methode durchgesetzt, die man als **»Bruttoverfahren«** bezeichnen kann. Die Ermittlung des Rohertrages auf der Spalte »Umbuchungen« fällt weg, d. h. die Buchung 5000 WVK 351 900,– DM an 2000 WEK 351 900,– DM wird **nicht** gebucht. Das hat zur Auswirkung, daß der Betrag auf 2000 WEK mit 374 600,– DM auf der Spalte »Saldenbilanz I« in der Spalte »Umbuchungen« **keine** Korrektur erfährt. Auf der Spalte »Saldenbilanz II« erscheint somit bei 2000 WEK im Soll jetzt der Betrag von 374 600,– DM und **nicht** der Schlußbestand von 22 700,– DM. Der Betrag auf Konto 2000 WEK von 374 600,– DM in der Spalte »Saldenbilanz II« muß aber trotzdem noch korrigiert, besser gesagt aufgeteilt werden:

1) 22 700,– DM von den 374 600,– DM sind als Inventurbestand noch am Lager vorhanden und erscheinen deshalb auf der Schlußbilanz im Aktiva.

2) Der Rest in Höhe von 351 900,– DM wurde verkauft (sinngemäß: »verbraucht«) und wird deshalb als Aufwand in die Spalte V + G bei Konto 2000 WEK im Soll eingetragen.

(Fortsetzung Seite 102)

Beispiel einer sechsspaltigen Betriebsübersicht, Abschluß einer Großhandlung

		Summenbilanz (Anfangsbestände + Umsätze)		Saldenbilanz I (vorläufige Übersch	
		Soll	Haben	+ Soll	– Hab
051	Gebäude	44 000,–		44 000,–	
070	Fuhrpark	10 000,–		10 000,–	
080	Betriebs- u. Geschäftsausstattung	9 000,–		9 000,–	
2000	Wareneinkauf	374 600,–		374 600,–	
2003	Liefererskonti		1 714,–		17
240	Kundenforderungen	448 600,–	392 800,–	55 800,–	
260	Vorsteuer	375,–		375,–	
280	Bank	285 760,–	281 600,–	4 160,–	
282	Kasse	151 750,–	150 060,–	1 690,–	
300	Kapital		57 430,–		57 4
3001	Privat	8 400,–		8 400,–	
421	Hypothekenschuld		25 000,–		25 0
44	Verbindlichkeiten	344 960,–	374 800,–		29 8
480	Umsatzsteuer		590,–		5
5000	Warenverkauf		480 600,–		480 6
5002	Kundenskonti	1 830,–		1 830,–	
540	Hauserträge		5 490,–		5 4
571	Zinserträge		561,–		5
605	Fuhrparkkosten	21 650,–		21 650,–	
613	Instandhaltungskosten	780,–		780,–	
63	Gehälter	30 650,–		30 650,–	
650	Abschreibungen auf Anlagen				
670	Geschäftsraumkosten	3 700,–		3 700,–	
680	Allg. Verwaltungskosten	26 300,–		26 300,–	
685	Werbe- u. Reisekosten	3 500,–		3 500,–	
708	Steuern	2 900,–		2 900,–	
75	Zinsaufwendungen	890,–		890,–	
76	Außerordentliche Aufw.	1 000,–		1 000,–	
		1 770 645,–	1 770 645,–	601 225,–	601 2

Angaben für den Abschluß:

1. Konto Vorsteuer ist abzuschließen über Konto Umsatzsteuer
2. Konto Privat ist abzuschließen über Konto Kapital
3. Abschreibungen:
   a) Auf Gebäude 880,–
   b) Auf Fuhrpark 2 000,–
   c) Auf Geschäftsausstattung 900,–
   Summe 3 780,–

	Umbuchungen (Korrekturbuchungen) + Soll	– Haben	Saldenbilanz II (endgültige Überschüsse) + Soll	– Haben	V & G Soll	Haben	Schlußbilanz Aktiva	Passiva
650		880,–	43 120,–				43 120,–	
650		2 000,–	8 000,–				8 000,–	
650		900,–	8 100,–				8 100,–	
5000		351 900,–	22 700,–				22 700,–	
				1 714,–		1 714,–*		
			55 800,–				55 800,–	
480		375,–						
			4 160,–				4 160,–	
			1 690,–				1 690,–	
3001	8 400,–			49 030,–				49 030,–
300		8 400,–						
				25 000,–				25 000,–
				29 840,–				29 840,–
260	375,–			215,–				215,–
2000	351 900,–			128 700,–		128 700,–		
			1 830,–		1 830,–**			
				5 490,–		5 490,–		
				561,–		561,–		
			21 650,–		21 650,–			
			780,–		780,–			
			30 650,–		30 650,–			
70/080	3 780,–		3 780,–		3 780,–			
			3 700,–		3 700,–			
			26 300,–		26 300,–			
			3 500,–		3 500,–			
			2 900,–		2 900,–			
			890,–		890,–			
			1 000,–		1 000,–			
	364 455,–	364 455,–	240 550,–	240 550,–	96 980,–	136 465,–	143 570,–	104 085,–
Gewinn laut V & G und Schlußbilanz:					39 485,–			39 485,–
					136 465,–	136 465,–	143 570,–	143 570,–

Varenschlußbestand laut Inventur 22 700,–
uf den übrigen Bestandskonten stimmen
ie Inventurwerte mit den Buchwerten überein.

Anmerkung:

* Liefererskonti kann auch auf Spalte »Umbuchungen« auf Konto 2000 Wareneinkauf umgebucht werden.

** Kundenskonti kann auch auf Spalte »Umbuchungen« auf Konto 5000 Warenverkauf umgebucht werden.

Obwohl sich jetzt die Endsummen der Spalten »Umbuchungen«, »Saldenbilanz II« und »V + G« ändern, bleibt doch der Gewinn von 39 485,– DM derselbe. Auf »V + G« stehen sich jetzt sichtbar folgende Beträge gegenüber (= Bruttoverfahren), die wir vorher auf der Spalte »Umbuchungen« miteinander verrechnet hatten (= Nettoverfahren):

1) 5000 WVK im Haben 480 600,– DM
2) 2000 WEK im Soll 351 900,– DM

Auf der Betriebsübersicht ergibt sich demnach für Konto 2000 WEK und 5000 WVK folgendes Bild:

Konten	Saldenbilanz I		Umbuchungen		Saldenbilanz II		V + G		Schlußbilanz	
	Soll	Haben	Soll	Haben	Soll	Haben	Soll	Haben	Aktiva	Passiva
2000 WEK	374 600,-	wird ohne Korrektur übernommen →			**374 600,-**		davon 351 900,-		davon 22 700,-	
5000 WVK		480 600,-	wird ohne Korrektur übernommen →			480 600,-		480 600,-		

Zusammenfassend stellen wir fest:

1. **Ausgangspunkt für die Betriebsübersicht ist die Summenbilanz. Sie enthält die aufaddierten Summen der einzelnen Konten des Hauptbuches.**
2. **In der Spalte Saldenbilanz I werden die vorläufigen Überschüsse errechnet (keine Buchung). Der Überschuß wird jeweils auf der größeren Seite eingetragen.**
3. **In der Spalte Umbuchungen werden die Abschlußbuchungen verbucht. Es ist die einzige Spalte, auf der im eigentlichen Sinne gebucht wird mit Soll- und Habenbuchung.**
4. **Aus der Saldenbilanz I werden im Zusammenhang mit der Spalte Umbuchungen die endgültigen Überschüsse errechnet und in die Spalte Saldenbilanz II eingetragen.**
5. **Die Beträge der Spalte Saldenbilanz II werden aufgeteilt:**
   Die Bestandskonten gehen auf Schlußbilanz.
   Die Erfolgskonten gehen auf V&G-Konto.
6. **Die gleichlautende Differenz bei Konto Schlußbilanz und V&G-Konto stellt den Reingewinn bzw. Reinverlust dar.**

Übung 19 (Lösung Seiten 158 und 159)

Erstellen Sie die Betriebsübersicht auf Grund folgender Angaben:
Die Summenbilanz einer Großhandlung weist folgende Beiträge auf:

051	Gebäude	84 000,– DM	
070	Fuhrpark	10 000,– DM	
080	Geschäftsausstattung	16 400,– DM	
2000	Wareneinkauf	452 000,– DM	3 000,– DM
2001	Bezugskosten	2 700,– DM	
240	Kundenforderungen	681 000,– DM	624 000,– DM
260	Vorsteuer	320,– DM	
27	Wertpapiere	5 800,– DM	
280	Bank	567 300,– DM	520 800,– DM
282	Kasse	87 400,– DM	85 700,– DM
300	Kapital		136 310,– DM
3001	Privat	21 000,– DM	
421	Hypothekenschuld	1 300,– DM	40 000,– DM
43	Anzahlungen von Kunden		7 000,– DM
44	Verbindlichkeiten	405 000,– DM	453 000,– DM
480	Umsatzsteuer		530,– DM
5000	Warenverkauf		636 000,– DM
5001	Retouren	2 000,– DM	
540	Hauserträge		17 500,– DM
613	Instandhaltungskosten	4 200,– DM	
650	Abschreibungen		
670	Geschäftsraumkosten	8 000,– DM	
674	Ausgangsfrachten	3 200,– DM	
680	AVK	83 100,– DM	
708	Steuern	87 000,– DM	
76	Außerordentliche Aufwendungen	2 120,– DM	
		2 523 840,– DM	2 523 840,– DM

Angaben für den Abschluß:

1. Konto 260 Vorsteuer ist abzuschließen über Konto 480 Umsatzsteuer!

2. Konto 3001 Privat ist abzuschließen über Konto 300 Kapital!
3. Konto 2001 Bezugskosten ist abzuschließen über Konto 2000 Wareneinkauf! (Wirkung: Bezugskosten verteuern den Einkaufspreis!)
4. Konto 5001 Retouren ist abzuschließen über Konto 5000 Warenverkauf. (Wirkung: Vom Kunden zurückgesandte Waren mindern den Erlös aus Warenverkauf!)
5. Abschreibungen:
   a) Auf Gebäude 1680,- DM
   b) Auf Fuhrpark 2000,- DM
   c) Auf Geschäftsausstattung 820,- DM

   Arbeiten Sie nach dem »Bruttoverfahren« gemäß Seite 99.
6. Warenbestand: 23000,– DM
7. Auf den übrigen Bestandskonten stimmen die Buchwerte mit den Inventurwerten überein.

Die zeitliche Jahresabgrenzung

I. Übergangsaktiva - Übergangspassiva

Bei der zeitlichen Jahresabgrenzung geht es darum, jedes Jahr exakt mit den Aufwendungen zu belasten, die es verursacht hat, bzw. jedem Jahr den Ertrag gutzuschreiben, den es erwirtschaftet hat. Dabei können Schwierigkeiten entstehen, wenn im Fall

1. die Ausgaben auf Konto Kasse, Bank usw. ins alte Jahr fallen, der Aufwand aber erst im neuen Jahr entsteht,
2. die Einnahmen ins alte Jahr fallen, der Ertrag aber dem neuen Jahr gutzuschreiben ist.

Geben wir zu jeder Möglichkeit ein Beispiel. Dabei vernachlässigen wir zunächst die Umsatzsteuer, da sie für das Verständnis dieses Problems völlig unbedeutend ist.

Beispiel zu Fall 1: Übergangsaktiva

Kontenmäßige Erklärung siehe am Ende der Erläuterungen!

1. Wir kaufen am 25.10. d. J. Heizöl ein und überweisen den Betrag von 1000,- DM über unser Bankkonto.
   Buchungssatz ① am 25.10.:

	6051 Aufwand für Heizöl	1000,– DM
an	280 Bank	1000,– DM

2. Am Ende des Jahres ergibt die Inventur einen Heizölbestand im Werte von 600,- DM.

Konsequenz: Es wurden im alten Jahr nur für 400,– DM Heizöl verbraucht. Also dürfen auf dem V & G-Konto des alten Jahres auch nur 400,– DM Aufwand für Heizöl erscheinen.

Lösung des Problems: Der Grundgedanke ist folgender: Der Heizölbestand von 600,– DM ist ein Vermögensbestandteil und muß letzten Endes auf der Aktivseite der Bilanz erscheinen. Für diesen (aktiven) Heizölbestand, den wir in das neue Jahr übernehmen, legen wir ein neues Konto an: 29 Übergangsaktiva. In dieses Bestandskonto tragen wir den Bestand im Soll ein und buchen ihn zugleich aus dem entsprechenden Erfolgskonto (6051 Aufwand für Heizöl) wieder aus.
Buchungssatz ②:

29	Übergangsaktiva	600,– DM
an 6051	Aufwand für Heizöl	600,– DM

Erklärung für die Ausbuchung auf Konto 6051: Die Aufwandsbuchung von 1000,– DM am 25. 10. des alten Jahres war falsch, zumindest voreilig, denn das Öl wurde ja nicht gleich am Einkaufstag verbrannt.

3. Abschluß der Konten im alten Jahr:
   ③ 6051 Aufwand für Heizöl über V & G-Konto.
   ③a 29 Übergangsaktiva über Konto Schlußbilanz.

Dabei kommt das von uns gewünschte Ergebnis zustande: Das V&G-Konto des alten Jahres wird nur mit dem tatsächlichen Heizölaufwand von 400,- DM belastet.

4. Wie wirken sich diese Buchungen aber im neuen Jahr aus? Aus unserer Schlußbilanz wird automatisch die Eröffnungs-

bilanz für das neue Jahr. Diese enthält das Aktivkonto 29 Übergangsaktiva mit einem Anfangsbestand von 600,– DM. Dieses Konto wird, wie alle anderen Bilanzkonten auch, wieder eröffnet (siehe kontenmäßige Darstellung). Was passiert aber im Laufe des Jahres mit dem Heizölbestand? Er wird doch sicherlich aufgebraucht! Also müssen wir diesen Schritt auch in der Buchführung nachvollziehen: Der Betrag muß aus dem Bestandskonto 29 Übergangsaktiva ausgebucht und auf das **Aufwandskonto** 6051 Aufwand für Heizöl wieder eingebucht werden.

6051	Aufwand für Heizöl	600,– DM
an 29	Übergangsaktiva	600,– DM

Diese Auflösung des Kontos 29 Übergangsaktiva geschieht übrigens jeweils gleich zu Beginn des Jahres.

5. Wenn wir jetzt noch Konto 6051 Aufwand für Heizöl auf das V & G-Konto des neuen Jahres abschließen (Buchung ⑤), ist unser Fall erledigt. Das Endergebnis entspricht unseren Bedingungen:
Das alte Jahr wurde mit 400,– DM Heizkosten belastet.
Das neue Jahr wurde mit 600,– DM Heizkosten belastet.

Kontenmäßige Darstellung (Übergangsaktiva)

Buchungen im alten Jahr

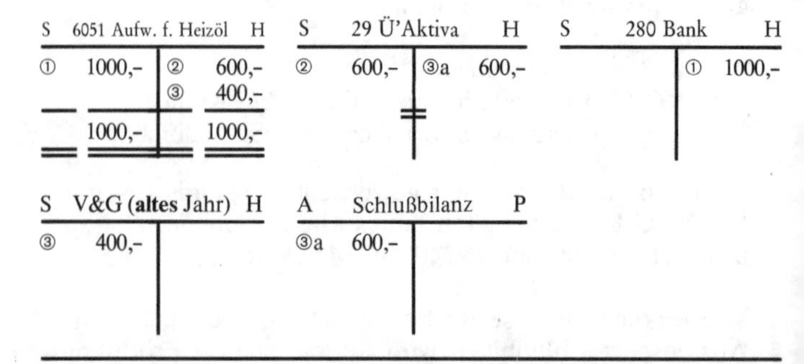

Buchungen im neuen Jahr

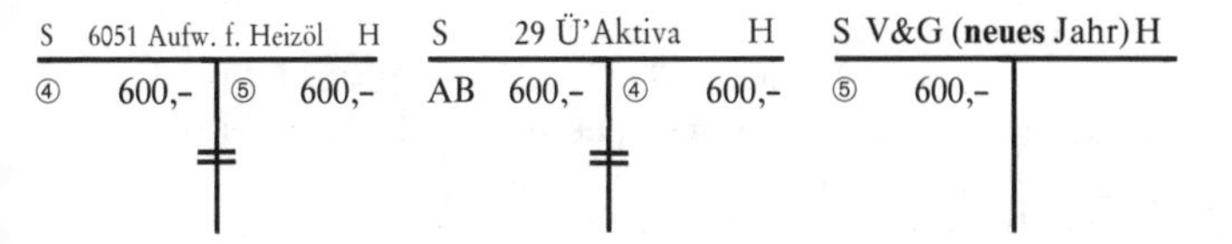

Beispiel zu Fall 2: Übergangspassiva

1. Unser Mieter zahlt uns die Januarmiete schon am 26. 12. des alten Jahres in Höhe von 500,– DM bar.

   Buchungssatz am 26. 12.:

①	282 Kasse	500,– DM
an	540 Hauserträge	500,– DM

   (siehe kontenmäßige Darstellung Seite 108)

   Problem: Wenn wir unsere Buchführung in diesem Zustand abgeschlossen hätten, würde das V&G-Konto des alten Jahres 500,– DM Ertrag ausweisen. Dies ist aber nicht korrekt, denn es handelt sich ja um die Januarmiete des neuen Jahres.

2. Lösung des Problems: Die Lösung ist am einfachsten, wenn Sie sich die beiden Jahre als Personen vorstellen. Wir haben den »Herrn Altjahr« und den »Herrn Neujahr«. Der Buchhalter ist von »Herrn Altjahr« angestellt und muß sich auf dessen Standpunkt stellen, da ja Schlußbilanz gemacht werden soll. Und jetzt entspinnt sich folgender Dialog:

   a) Wer hat die Miete kassiert?
   »Herr Altjahr«.
   b) Wem steht die Miete zu?
   »Herr Neujahr«
   c) Was hat »Herr Altjahr« gegenüber »Herrn Neujahr«?
   Schulden.
   d) Buchhalterische Auswirkung: Der »Herr Altjahr« verrechnet diese Schulden mit dem »Herrn Neujahr« wie folgt: »Herr Altjahr« muß den schon gebuchten Mietertrag wieder herausgeben. Da dies nicht über Konto Kasse geschieht, hat er Schulden an den »Herrn Neujahr«. Entspre-

chend dem Konto 29 Übergangsaktiva gibt es auch ein Konto 49 Übergangspassiva.
Unser Buchungssatz lautet dann:

②	540 Hauserträge	500,– DM
an	49 Übergangspassiva	500,– DM

3. Das alte Jahr schließt dann wie folgt ab:
   V&G-Konto (altes Jahr): kein Ertrag
   Schlußbilanz: 500,– DM Schulden ③

4. Auswirkungen auf das neue Jahr: Durch die Eröffnung der Konten aus der Eröffnungsbilanz erhalten wir im neuen Jahr das Konto 49 Übergangspassiva mit einem Anfangsbestand im Haben von 500,– DM. Dieses Konto wird, genau wie das Konto 29 Übergangsaktiva, sofort wieder aufgelöst, d. h. der Betrag wird dorthin zurückgebracht, wo man ihn am Ende des letzten Jahres hergeholt hat.
   Buchungssatz ④:

	49 Übergangspassiva	500,– DM
an	540 Hauserträge	500,– DM

5. Der Abschluß von Konto 540 Hauserträge liefert uns das gewünschte Ergebnis, nämlich einen Hausertrag von 500,– DM im neuen Jahr.
   Buchungssatz ⑤:

	540 Hauserträge	500,– DM
an	V & G-Konto (neues Jahr)	500,– DM

Kontenmäßige Darstellung (Übergangspassiva)

Buchungen im alten Jahr

S 282 Kasse H

S		H	
①	500,–		

S 540 Hauserträge H

S		H	
②	500,–	①	500,–

S 49 Ü'Passiva H

S		H	
③	500,–	②	500,–

A Schlußbilanz P

A		P	
		③	500,–

Buchungen im neuen Jahr

S	540 Hauserträge		H
⑤	500,-	④	500,-

S	49 Ü'Passiva		H
④	500,-	AB	500,-

S	V&G (**neues** Jahr)		H
		⑤	500,-

Zusammenfassend stellen wir fest:

1. **Aufwand machen und Ertrag erwirtschaften, bzw. Geld ausgeben und Geld einnehmen, können zeitlich auseinanderfallen. Aufgabe der Buchhaltung ist es, jedes Jahr mit dem Aufwand zu belasten, den es tatsächlich verursacht hat, bzw. jedem Jahr den Ertrag gutzuschreiben, den es erwirtschaftet hat.**
2. **Aus Punkt (1) ergeben sich folgende Möglichkeiten:**
   a) **Ausgabe im alten Jahr → Aufwand erst im neuen Jahr. Hier sprechen wir von Übergangsaktiva-Posten.**
   b) **Einnahme im alten Jahr → Ertrag erst im neuen Jahr. Hier sprechen wir von Übergangspassiva-Posten.**
3. **Zur Unterscheidung von den im Anschluß noch zu besprechenden »sonstigen Forderungen« und »sonstigen Verbindlichkeiten« merken wir uns noch:**
   Bei den Übergangsaktiva- und Übergangspassivaposten wurde das Finanzkonto (Kasse, Bank usw.) im alten Jahr schon gebucht. Faustregel: Die Kasse klingelt im alten Jahr!

II. Sonstige Forderungen – sonstige Verbindlichkeiten

Sie unterscheiden sich von den Übergangsaktiva bzw. Übergangspassiva in zweifacher Hinsicht:

1. Es sind tatsächlich Forderungen bzw. Verbindlichkeiten, die nicht nur zwischen den beiden Jahren verrechnet werden, sondern deren Beträge im neuen Jahr tatsächlich noch eingehen bzw. bezahlt werden müssen.

2. Bei den sonstigen Forderungen bzw. sonstigen Verbindlichkeiten wird das Finanzkonto immer im neuen Jahr angebucht. Faustregel: Die Kasse klingelt im neuen Jahr.

Beispiel für sonstige Forderungen

Kontenmäßige Darstellung siehe Seite 111
Wir haben einem Geschäftsfreund ein Darlehen gewährt in Höhe von 1000,– DM. Die Zinsen von 8% sind jeweils nachträglich am 31. 3. eines jeden Jahres fällig.

Zur Lösung unseres Problems eignet sich wieder am besten unsere Dialogform:

a) Wann wurden die letzten Zinsen eingenommen?
Vom »Herrn Altjahr« am 31. 3. d. J.

b) Für welche Zeit wurden diese Zinsen eingenommen?
Für das vergangene Jahr.

c) Für wieviel Monate stehen die Zinsen am 31. 12. d. J. noch aus?
Für 9 Monate.

d) Wer wird diese Zinsen kassieren?
Der »Herr Neujahr« am 31. 3. d. n. J.

e) Was hat der »Herr Altjahr« gegenüber dem »Herrn Neujahr«?
Forderungen.

Weil die Kasse erst im neuen Jahr klingeln wird, nennen wir diese Forderungen nicht Übergangsaktiva, sondern **269 sonstige Forderungen.**

Unser Buchungssatz ① lautet demnach:

	269 sonstige Forderungen	60,– DM
an	571 Zinserträge	60,– DM

Darstellung an der Zeitleiste:

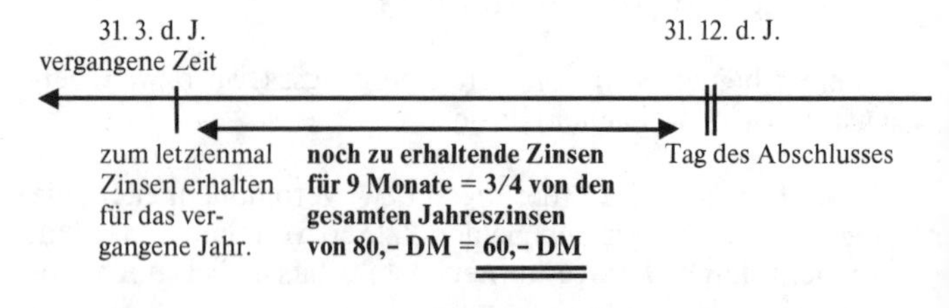

Der weitere Verlauf ist leicht aus der kontenmäßigen Darstellung ersichtlich und soll hier nur kurz angedeutet werden:

② = Abschluß des Kontos 571 Zinserträge.

③ = Abschluß des Kontos 269 sonstige Forderungen.

AB = Anfangsbestand auf 269 sonstige Forderungen im neuen Jahr. Dieser Bestand erscheint bei der Eröffnung der Konten.

④ = Eingang der Zinsen am 31. 3. des neuen Jahres.

⑤ = Abschluß des Kontos 571 Zinserträge am Ende des neuen Jahres

Kontenmäßige Darstellung von sonstigen Forderungen

Buchungen im alten Jahr

S	269 sonst. Forderungen		H
①	60,-	③	60,-

S	571 Zinserträge		H
②	60,-	①	60,-

A	Schlußbilanz		P
③	60,-		

S	V&G (**altes** Jahr)		H
		②	60,-

Buchungen im neuen Jahr

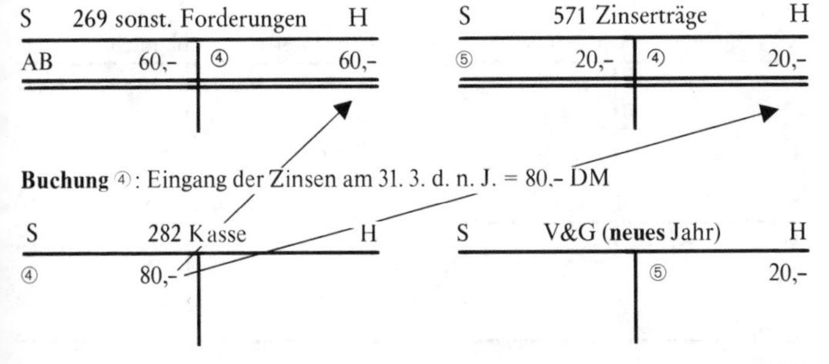

Beispiel für sonstige Verbindlichkeiten

Unsere am 15. 11. fällige Gewerbesteuerschuld in Höhe von 600,- DM wurde vom Finanzamt auf unseren Antrag bis zum 15. 1. d. n. J. gestundet.

Buchungssatz im alten Jahr:

①	700/770 Gewerbesteuer	600,– DM
an	489 sonstige Verbindlichkeiten (Vbk)	600,– DM

Folge: Das alte Jahr wird mit einem Steueraufwand von 600,– DM belastet.

Buchungssatz im neuen Jahr bei Überweisung des Betrages:

④	489 sonstige Vbk	600,– DM
an	280 Bank	600,– DM

Folge: Obwohl der Betrag im neuen Jahr bezahlt wird, erscheint doch kein Aufwand auf dem V&G-Konto.

Kontenmäßige Darstellung von sonstigen Verbindlichkeiten

Buchungen im alten Jahr

Die Buchungen ② und ③ sind Abschlußbuchungen im alten Jahr.

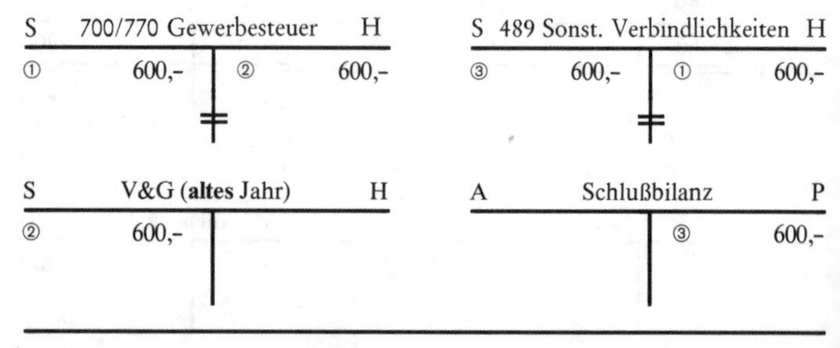

Buchungen im neuen Jahr

S	280 Bank		H
		④	600,-

S	489 Sonst. Verbindlichkeiten		H
④	600,-	AB	600,-

S	V&G (**neues** Jahr)	H
Kein Aufwand		

④ Buchung bei Überweisung des Betrages

Zusammenfassend stellen wir fest:

1. **Sonstige Forderungen entstehen aus Erträgen, die im alten Jahr erwirtschaftet wurden, die aber erst im neuen Jahr einen Geldeingang bewirken.**
   Buchungssatz: 269 sonstige Forderungen an entsprechendes Ertragskonto.
2. **Sonstige Verbindlichkeiten entstehen aus Aufwendungen, die im alten Jahr gemacht wurden, die sich aber erst im neuen Jahr als Geldausgabe auswirken.**
   Buchungssatz: entsprechendes Aufwandskonto an 489 sonstige Verbindlichkeiten.

III. Rückstellungen

Hier handelt es sich um Schulden, die ihrem Wesen nach feststehen, die aber am Jahresende in ihrer genauen Höhe noch nicht festliegen.

Ein Beispiel soll uns dies verdeutlichen:
Im November d. J. ließen wir an unserem Gebäude Malerarbeiten durchführen. Ein Kostenvoranschlag von 2000,- DM liegt vor. Die Endabrechnung liegt aber am 31. 12. noch nicht vor.

Anders ausgedrückt heißt das:
a) Daß wir bezahlen müssen, steht fest.
b) Wieviel wir bezahlen müssen, ist noch ungewiß.

Als Faustregel können wir uns kurz merken:
Rückstellungen sind geschätzte Schulden.

Die Buchung bei der Anlegung einer Rückstellung entspricht derjenigen, die wir bei den sonstigen Verbindlichkeiten kennengelernt haben, nur daß wir für das Schuldenkonto das Konto **37 Rückstellungen** benützen.

Der Buchungssatz ① im alten Jahr lautet demnach:

	613	Instandhaltung	2000,– DM
an	37	Rückstellung	2000,– DM

Das eigentliche Problem taucht erst im neuen Jahr auf, wenn der genaue Rechnungsbetrag bekannt ist und wenn die Rechnung bezahlt wird.

Hier unterscheiden wir drei Möglichkeiten:

1. Möglichkeit

Die Schätzung entspricht ganz genau dem Rechnungsbetrag. Dieser Fall ist mehr theoretischer Natur.

2. Möglichkeit

Der Rechnungsbetrag liegt **unter** dem zurückgestellten Betrag. Die Rechnung lautet z. B. auf 1800.– DM.
Was bedeuten die 200,– DM Differenz in diesem Falle?

a) Ich habe mit 2000,– DM Schulden gerechnet.
b) Es sind nur 1800,– DM geworden.
c) Die restlichen 200,– DM werden aufgelöst über Konto 58 a. o. Erträge.
(Siehe auch kontenmäßige Darstellung Seite 115.)

3. Möglichkeit

Der Rechnungsbetrag liegt **über** dem zurückgestellten Betrag. Die Rechnung lautet z. B. auf 2100,– DM.
Was bedeuten die 100,– DM Differenz in diesem Falle?

a) Ich habe mit 2000,– DM Schulden gerechnet.
b) Es sind 2100,– DM Schulden geworden.
c) Die über den ursprünglichen Betrag hinausgehenden 100,– DM bedeuten für mich einen zusätzlichen Aufwand, der über das Konto 76 Außerordentliche Aufwendungen ausgebucht wird.

Kontenmäßige Darstellung des Beispiels einer Rückstellung

Buchungen im alten Jahr

② und ③ sind Abschlußbuchungen

S	613 Instandhaltungskosten		H
①	2000,-	③	2000,-

S	37 Rückstellungen		H
②	2000,-	①	2000,-

S	V&G (**altes** Jahr)		H
③	2000,-		

A	Schlußbilanz		P
		②	2000,-

Buchungen im neuen Jahr

1. Möglichkeit

S	282 Kasse		H
		④	2000,-

S	37 Rückstellungen		H
④	2000,-	AB	2000,-

Keine Auflösung von Konto 37 Rückstellungen mehr nötig.

2. Möglichkeit

S	282 Kasse		H
		④	1800,-

S	37 Rückstellungen		H
④	1800,-	AB	2000,-
⑤	200,-		
	2000,-		2000,-

S	58. a. o. Erträge		H
		⑤	200,-

3. Möglichkeit

S	282 Kasse		H
		④	2100,–

S	37 Rückstellungen		H
④	2100,–	AB	2000,–
		⑤	100,–
	2100,–		2100,–

S	76. a.o.A.		H
⑤	100,–		

Zusammenfassend stellen wir fest:

1. **Rückstellungen sind Schulden, die ihrem Wesen nach feststehen, die aber in ihrer Höhe noch unbestimmt sind.**
   Faustregel: Rückstellungen sind geschätzte Schulden.
2. **Rückstellungen werden am Ende des Jahres in der geschätzten Höhe über das betreffende Aufwandskonto gebildet.**
   Buchungssatz:
   Aufwandskonto an 37 Rückstellungen
3. **Im neuen Jahr wird bei der Bezahlung der tatsächlichen Schuld gebucht:**
   37 Rückstellungen an Finanzkonto (Kasse, Bank usw.).
4. **Die Auflösung des Kontos 37 Rückstellungen geschieht über die Konten 76 a. o. Aufwand bzw. 58 a. o. Erträge.**

Übung 20 (Lösung Seite 160)

Bilden Sie die Buchungssätze für folgende Fälle der zeitlichen Jahresabgrenzung:

1. Am 31. 12. geht die Anzeigenrechnung für unsere Silvesterreklame in der Zeitung bei uns ein. Die Rechnung wird im alten Jahr nicht mehr bezahlt. Wie ist zu buchen?

Nettobetrag	500,– DM
+ Umsatzsteuer	60,– DM
Bruttobetrag	560,– DM

2. Wir bezahlten am 1. 11. d. J. die Kfz-Versicherung für 12 Monate mit 480,- DM im voraus. Wie ist am 31.12. zu buchen?

3. Wir haben die Vertreterprovision für Monat Dezember abgerechnet, aber noch nicht an unseren Vertreter überwiesen:

Nettobetrag	1000,- DM
+ Umsatzsteuer	120,- DM
Bruttobetrag	1120,- DM

4. Für eine vermietete Wohnung erhielten wir die Januarmiete schon am 20. Dezember d. J. mit 650,- DM. Wie ist am 31. 12. zu buchen?

5. Für Reklamezwecke haben wir eine Hauswand bemalen lassen. Die Rechnung betrug

Netto	4000,- DM
+ Umsatzsteuer	480,- DM
Brutto	4480,- DM

Der Aufwand soll gleichmäßig auf 4 Jahre verteilt werden.
a) Wie ist am 31. 12. d. J. zu buchen?
b) Wie ist am 31. 12. n. J. zu buchen?
(Kontenmäßige Darstellung ist hier zweckmäßig!)

6. a) Wir bilden eine Rückstellung für geschätzte Gewerbesteuernachzahlung in Höhe von 1000,- DM.
   b) Im neuen Jahr geht der Steuerbescheid ein über 900,- DM. Der Betrag wird über die Bank überwiesen. Das Konto 37 Rückstellungen ist aufzulösen!
   c) Im neuen Jahr geht der Steuerbescheid ein über 1 250,- DM. Der Betrag wird über Postgirokonto überwiesen. Das Konto 37 Rückstellungen ist aufzulösen.

7. Ein Kunde machte uns gegenüber berechtigte Garantieansprüche geltend. Unsere Vertragswerkstatt hat uns für durchgeführte Nachbesserungsarbeiten folgendermaßen belastet:

Nettobetrag	300,- DM
+ Umsatzsteuer	36,- DM
Bruttobetrag	336,- DM

Dieser Betrag ist unserer Garantierückstellung zu entnehmen.

8. In unserer Frankiermaschine sind am 31. 12. noch 50,– DM unverbraucht.

9. Die Vierteljahreszinsen in Höhe von 300,– DM für die Zeit vom 1. 11. bis 31. 1. zahlt unser Hypothekenschuldner erst nachträglich am 1. 2. d. n. J. Wie ist am 31. 12. zu buchen?

10. Die Löhne für die letzte Dezemberwoche werden erst im Januar ausbezahlt. Betrag: 950,– DM.

Die indirekte Abschreibung

Problemstellung:

Das Wesen der Abschreibung ist uns aus dem Abschnitt über die direkte Abschreibung (Seite 45) bereits bekannt. Bei der indirekten Form der Abschreibung geht es nur um eine besondere Art der Darstellung. Dabei gehen wir von folgender Problemstellung aus: Wenn wir in unserer Bilanz das Konto 070 Fuhrpark mit 10000,– DM ausweisen, kann dies zweierlei bedeuten:
a) Es kann sich um einen ganz neuen PKW handeln.
b) Es kann sich um mehrere alte PKW handeln, die bis auf diesen Restwert abgeschrieben sind.

Um einen genauen Überblick zu gewinnen, sind außer der Bilanz noch weitere Unterlagen erforderlich. Unsere Aufgabe ist es nun, allein aus der Bilanz folgendes ablesen zu können:
a) Den Anschaffungswert unseres Fuhrparks.
b) Den derzeitigen Wert unseres Fuhrparks.

Dabei ist immer zu beachten, daß wir es hier mit einem Problem der Darstellung zu tun haben. Am Inhalt der eigentlichen Abschreibung ändert sich nichts.

Lösung des Problems:

Vorgang:
1. Anschaffungswert unseres Fuhrparks 20000,- DM (= AB in kontenmäßiger Darstellung).
2. Jährliche Abschreibung 20% = 4000,- DM.

Buchungen am Ende des ersten Jahres

(Siehe auch kontenmäßige Darstellung Seite 120.)

Da sich am Wesen der Abschreibung nichts ändert, müssen wir auch bei der indirekten Methode den Betrag auf Konto 650 Abschreibungen **im Soll** buchen. Die Schwierigkeit tritt erst bei der Habenbuchung auf. Wenn wir wie gewohnt (direkt) auf Konto 070 Fuhrpark im Haben buchen, zerstören wir unseren Anschaffungswert von 20000,– DM, und auf die Bilanz käme nur der Saldo von 16000,– DM. Aus diesem Grund ist auf dem betreffenden Anlagekonto (in unserem Fall 070 Fuhrpark) ein striktes Buchungsverbot. Irgendwo müssen wir aber die **Habenbuchung** unterbringen. Wenn das Hauptkonto 070 Fuhrpark gesperrt ist, richten wir einfach ein Ersatzkonto ein, das die Berichtigung des Anschaffungspreises aufnimmt. Dieses Konto nennen wir **36 Wertberichtigung**. Dabei merken wir uns:

Konto 36 Wertberichtigung steht ersatzweise für das Anlagekonto 070 Fuhrpark. Für alle Ersatzkonten gelten dieselben Regeln wie für das Hauptkonto. Das bedeutet in unserem Fall:
1. Konto Wertberichtigung ist ein Bestandskonto und wird über die Schlußbilanz abgeschlossen.
2. Weil bei Konto 070 Fuhrpark die Gegenbuchung ins Haben gehören würde, kommt sie auch auf Konto 36 Wertberichtigungen ins Haben.

Vergegenwärtigen wir uns die Abschreibungsbuchung

①	650	Abschreibungen	4000,– DM
an	36	Wertberichtigung	4000,– DM

noch einmal auf der kontenmäßigen Darstellung und betrachten wir die Schlußbilanz nach Abschluß der Konten, dann sehen wir, daß unser Ziel erreicht wurde. Die Schlußbilanz weist in der Aktivseite unter Konto 070 Fuhrpark den Anschaffungswert von 20000,– DM aus. Auf der Passivseite der Bilanz wird dieser Betrag durch die Wertberichtigung um 4000,– DM berichtigt. Ohne weitere Unterlage können wir aus der Bilanz durch einfaches Saldieren den derzeitigen Tageswert von 16000,– DM ermitteln.

Der Vollständigkeit halber ist bei der kontenmäßigen Darstellung noch das zweite Jahr durchgebucht.

Kontenmäßige Darstellung der indirekten Abschreibung

Buchungen im ersten Jahr:

S	070 Fuhrpark		H
AB	20000,-	②	20000,-

S	36 Wertbericht.		H
③	4000,-	①	4000,-

S	650 Abschreibung.		H
①	4000,-	④	4000,-

① Abschreibungsbuchung

A	Schlußbilanz		P
②	20000,-	③	4000,-

S	V&G		H
④	4000,-		

② = Abschlußbuchung von Konto 070 Fuhrpark
③ = Abschlußbuchung von Konto 36 Wertberichtigung
④ = Abschlußbuchung von Konto 650 Abschreibungen

Buchungen im zweiten Jahr:

S	070 Fuhrpark		H
AB	20000,-	②	20000,-

S	36 Wertbericht.		H
③	8000,-	AB	4000,-
		①	4000,-
	8000,-		8000,-

S	650 Abschreibung.		H
①	4000,-	④	4000,-

① Abschreibungsbuchung

A	Schlußbilanz		P
②	20000,-	③	8000,-

S	V&G		H
④	4000,-		

Den Buchungen ① bis ④ liegt wieder derselbe Vorgang zugrunde wie im ersten Jahr.

Durch Saldieren ermittelter Tageswert am Ende des 2. Jahres:
20000,- DM - 8000,- DM = **12000,- DM**

Zum Schluß sei noch erwähnt, wie man einen indirekt abgeschriebenen Gegenstand verbucht, wenn er den Betrieb verläßt.

Beispiel:
Nehmen wir an, wir veräußern unseren Fuhrpark aus obigem Beispiel zu Beginn des dritten Jahres um einen Betrag von

Nettobetrag	15000,– DM
+ Umsatzsteuer	1800,– DM
Bruttobetrag	16800,– DM gegen bar.

Grundgedanke: Wenn ein Gegenstand unseren Betrieb verläßt, müssen auch in der Buchführung alle Konten aufgelöst werden, die für diesen Gegenstand eingerichtet waren. Das sind in unserem Fall zwei Konten:

a) Konto 070 Fuhrpark
b) Konto 36 Wertberichtigung (als Ersatzkonto)

Buchungen:
Zuerst muß das Ersatzkonto 36 Wertberichtigungen verschwinden, und zwar wird dieses Konto abgeschlossen über das betreffende Hauptkonto, in unserem Fall 070 Fuhrpark.
Buchungssatz:

①	36	Wertberichtigung	8000,– DM
an	070	Fuhrpark	8000,– DM

Jetzt haben wir nur noch das Hauptkonto 070 Fuhrpark im Auge zu behalten.

Als zweites buchen wir den Erlös, den wir für unseren Fuhrpark erzielten.
Buchungssatz:

②	282	Kasse	16800,– DM
an	070	Fuhrpark	15000,– DM
	480	Umsatzsteuer	1800,– DM

Danach ist unser Konto 070 Fuhrpark über Konto 76 a. o. Aufwand bzw. 58 a. o. Erträge aufzulösen (siehe Buchung ③ in der kontenmäßigen Darstellung). Dabei können zwei Möglichkeiten auftauchen:

a) Wir bekommen mehr für unseren Fuhrpark, als unser Buchwert ausgewiesen hat. Dann handelt es sich um einen außerordentlichen Ertrag (siehe unser Beispiel).

b) Wir bekommen weniger, als der Buchwert betrug. Dann würde es sich um einen außerordentlichen Aufwand handeln.

Kontenmäßige Darstellung des Verkaufes eines indirekt abgeschriebenen Gegenstandes

S	070 Fuhrpark	H
AB 20000,-		① 8000,-
③ 3000,-		② 15000,-
23000,-		23000,-

S	36 Wertbericht.	H
① 8000,-		AB 8000,-

S	282 Kasse	H
② 16800,-		

S	58 a.o. Erträge	H
		③ 3000,-

S	480 Umsatzsteuer	H
		② 1800,-

Zusammenfassend stellen wir fest:

1. **Die indirekte Abschreibung ist nur eine besondere Technik der Darstellung. Am Wesen der Abschreibung als solches ändert sich nichts.**
2. **Für die Habenbuchung richten wir uns ein besonderes Konto 36 Wertberichtigungen ein, das ersatzweise für das abzuschreibende Bestandskonto steht und das genau wie dieses behandelt wird.**
3. **Der Buchungssatz bei der indirekten Abschreibungstechnik lautet:**

   650 Abschreibungen an 36 Wertberichtigungen
4. **Bei Veräußerung des indirekt abgeschriebenen Gegenstandes ist zuerst das Konto 36 Wertberichtigungen über das entsprechende Bestandskonto aufzulösen.**
   Buchungssatz:

   36 Wertberichtigungen an Bestandskonto

Übung 21 (Lösung Seite 161 f.)

Bilden Sie die Buchungssätze für folgende Fälle und benützen Sie dazu ein 32-Konten-Blatt.

1. a) Anschaffungswert unserer elektrischen Schreibmaschine: 3000,- DM.
   b) Diese Schreibmaschine ist bis auf 500,- DM indirekt abgeschrieben.
   c) Wir verkaufen diese Schreibmaschine gegen bar an unsere Sekretärin:

Nettobetrag	400,- DM
+ Umsatzsteuer	48,- DM
Bruttobetrag	448,- DM

2. a) Wir haben von einem Kunden 1000,- DM zu fordern.
   b) Der Kunde meldet Konkurs an. Wir schreiben 800,- DM unserer Forderungen indirekt ab.
   c) Im nächsten Jahr überweist uns der Konkursverwalter 150,- DM. Der Rest der Forderung ist als verloren zu betrachten und die Konten sind aufzulösen. Beachten Sie dabei auch, daß für den Betrag in Höhe des eingetretenen Verlustes keine Umsatzsteuer zu entrichten ist und das Konto 480 Umsatzsteuer zu berichtigen ist.

Verbuchung von Personalkosten mit Abzügen

Kein Angestellter oder Arbeiter bekommt sein Bruttogehalt bzw. seinen Bruttolohn in voller Höhe ausbezahlt. Der Arbeitgeber ist verpflichtet, verschiedene Abzüge einzubehalten und die Beträge an die entsprechenden Stellen abzuführen. Bei den Abzügen handelt es sich grundsätzlich um:

a) Einbehaltene Lohn- und Kirchensteuer.
b) Einbehaltene Beiträge zur Sozialversicherung. Hier sind zu nennen.

   1. Die Altersversicherung
   2. Die Krankenversicherung
   3. Die Arbeitslosenversicherung
   4. Die Unfallversicherung

Bei den Ziffern 1 bis 3 beträgt die vom Arbeitsentgelt abgezogene Summe nur die Hälfte des Beitrages (Arbeitnehmeranteil). Der

Arbeitgeber muß denselben Betrag aus seiner Tasche noch einmal zuschießen. Die Unfallversicherung bezahlt dagegen ganz der Arbeitgeber.

Außer diesen gesetzlich vorgeschriebenen Abzügen können bei der Lohn- und Gehaltsabrechnung aber noch weitere Abzüge auftreten, wie z. B.

Verrechnete Lohnvorschüsse
Verrechnete Miete für eine Werkswohnung
Verrechnete Raten für ein vom Betrieb zur Verfügung gestelltes Darlehen.
Abzüge im Zusammenhang mit Lohnpfändungen.

I. Beispiel einer Gehaltsabrechnung ohne verrechnete Vorschüsse

Bruttogehälter		4010,- DM
- Abzüge		
Lohnsteuer	780,- DM	
Kirchensteuer	65,- DM	
Sozialversicherung	256,- DM	1101,- DM
Nettogehälter		2909,- DM

Arbeitgeberanteil an der Sozialversicherung	256,- DM

Die Verbuchung ist sehr einfach, wenn wir zweierlei bedenken:

1. Die Kasse nimmt nur um den Nettobetrag von 2909,- DM ab.
2. Die einbehaltenen Beträge in Höhe von 1101,- DM darf der Arbeitgeber nicht für sich behalten. Er muß das Geld an das Finanzamt und die Sozialversicherung abführen. So lange es bei ihm in der Schublade liegt, hat er an die betreffenden Instanzen Schulden. Die zur Verbuchung dieser Schulden nötigen Konten finden wir in der Kontenklasse 4, in der Kontengruppe **48 sonstige Verbindlichkeiten.**

Unser Buchungssatz lautet demnach:

	63 Gehälter	4010,– DM
an	282 Kasse	2909,– DM
	483 abzuführende Lohn- und Kirchensteuer	845,– DM
	484 abzuführende Sozialversicherung	256,– DM

Im Gegensatz zu den vom Arbeitnehmer einbehaltenen Beträgen zur Sozialversicherung bedeutet der Arbeitgeberanteil für den Inhaber einen echten Aufwand.
Verbuchung des Arbeitgeberanteils:

	64 Soziale Aufwendungen	256,– DM
an	484 abz. Sozialversicherung	256,– DM

Wenn die einbehaltenen Beträge an die entsprechenden Instanzen überwiesen werden, lautet der Buchungssatz:

483 abz. Lohnsteuer
484 abz. Sozialversicherung
an 280 Bank Sozialversicherung

II. Beispiel einer Gehaltszahlung mit verrechnetem Vorschuß

Bei Vorschußbuchungen müssen wir immer auf den jeweiligen Zeitpunkt achten. Zwei Termine sind hier denkbar:

a) Der Termin der **Auszahlung** des Vorschusses.
b) Der Termin der **Abrechnung** des Vorschusses am Tage der Gehaltsauszahlung.

Zu a) Wenn der Arbeitgeber an seinen Angestellten 200,– DM Vorschuß auszahlt, hat er an seinen Mitarbeiter eine **Forderung**. Der Angestellte muß diesen Vorschuß ableisten. Darum steht das Konto Lohn- und Gehaltsvorschüsse in der Kontengruppe 26 der sonstigen Forderungen.
Zu b) Am Tage der Gehaltsabrechnung hat der Angestellte diesen kurzfristigen Vorschuß abverdient. Die Forderung des Arbeitgebers ist dadurch erloschen.

Folgendes Beispiel soll uns den Vorgang klarmachen:

1. Auszahlung eines Vorschusses in Höhe von 200,– DM an unseren Angestellten.

2. Gehaltsabrechnung (14 Tage später)

Bruttogehalt		2000,- DM
- Abzüge		
Lohnsteuer	350,- DM	
Kirchensteuer	35,- DM	
Sozialversicherung	247,- DM	
Vorschuß	200,- DM	832,- DM
Nettogehalt		1168,- DM

3. Arbeitgeberanteil zur Sozialversicherung 247,- DM
4. Banküberweisung der einbehaltenen Lohnsteuer, Kirchensteuer und Sozialversicherungsbeiträge 879,- DM

Kontenmäßige Darstellung

S 63 Gehälter	H
② 2000,-	

S 265 Vorschüsse	H
① 200,-	② 200,-

S 282 Kasse	H
	① 200,-
	② 1168,-

S 64 Soz. Aufw.	H
③ 247,-	

S 483 abzuf. Lohn- u. Kirchensteuer	H
④ 385,-	② 385,-

S 280 Bank	H
	④ 879,-

S 484 abzuf. Soz. Vers.	H
④ 494,-	② 247,-
	③ 247,-
494,-	494,-

① = Zahlung des Vorschusses
② = Gehaltsabrechnung
③ = Arbeitgeberanteil zur Sozialversicherung
④ = Banküberweisung der einbehaltenen Abzüge sowie des Arbeitgeberanteils zur Sozialversicherung

Die Verbuchung der übrigen genannten Abzüge fällt uns nach all dem Gesagten nicht mehr schwer. So verbuchen wir die verrechnete Miete für die Werkswohnung über Konto 540 Hauserträge. Die Raten für das langfristig zur Verfügung gestellte zinslose Darlehen buchen wir über Konto 160 Darlehensforderungen, und für die Abzüge im Zusammenhang mit der Lohnpfändung müßten wir in der Kontengruppe 48 ein spezielles Konto einrichten.

Zusammenfassend stellen wir fest:

1. **Die Bruttolöhne bzw. Bruttogehälter stellen einen betriebsbedingten Aufwand dar, der auf den Konten 62 Löhne/63 Gehälter im Soll gebucht wird.**
2. **Bei der Kasse verbuchen wir nur den Nettobetrag im Haben.**
3. **Solange wir die einbehaltenen Abzüge für Lohnsteuer und Sozialversicherung nicht abgeführt haben, stehen diese Beträge auf Konten der Gruppe »48 sonstige Verbindlichkeiten« im Haben.**
4. **Der Arbeitgeberanteil an der Sozialversicherung bedeutet für uns einen zusätzlichen betriebsbedingten Aufwand.**
   Buchungssatz:
   64 Soziale Aufwendungen
   an 484 abzuführende Sozialversicherung
5. **Bei Überweisung der abzuführenden Beträge buchen wir:**
   483 abzuführende Lohnsteuer
   484 abzuführende Sozialversicherung
   an 280 Bank

Übung 22 (Lösung Seite 162)

1. Unser Angestellter erhält 200,– DM Vorschuß ausbezahlt.
2. Wir gewähren unserem Prokuristen einen Kredit zur Finanzierung einer Eigentumswohnung; der Kredit beträgt 5000,– DM und ist in monatlichen Raten von 100,– DM mit dem Gehalt zu verrechnen. Verbuchen Sie die Auszahlung des Kredites!
3. Gehaltszahlung am 15. d. M.:

Bruttogehälter		15000,– DM
– Abzüge		
Vorschuß	200,– DM	
Darlehensrate	100,– DM	
Lohn- und Kirchensteuer	1200,– DM	
Sozialversicherung	1700,– DM	
Verrechnete Wohnungsmiete für Werkswohnung	250,– DM	3450,– DM
Überweisung der Nettogehälter durch Bank:		11550,– DM

4. Arbeitgeberanteil an der Sozialversicherung 1850,– DM
5. Überweisung der Beträge für Lohnsteuer und Sozialversicherung 4750,– DM.

Lösungen

Lösung zu Übung 1

1. In der Buchführung ermittelt der Kaufmann sein Vermögen und seine Schulden.
2. Außerdem notiert er alle Aufwendungen und Erträge.
3. Nennen Sie 4 weitere Aufgaben, die die Buchführung erfüllt:
   a) Betriebskontrolle
   b) Lieferung von Unterlagen für die Kalkulation
   c) Lieferung von Unterlagen für die Zukunftsplanung
   d) Lieferung von Beweismaterial
4. In welchem Gesetz finden Sie die grundlegenden Vorschriften über die Buchführungspflicht von Kaufleuten?
   Im Handelsgesetzbuch (HGB)
5. Nennen Sie 6 Grundsätze der ordnungsgemäßen Buchführung.
   a) Chronologische Eintragung der Geschäftsvorfälle
   b) Formelle und sachliche Richtigkeit der Eintragungen
   c) Führung der Bücher in lebender Sprache
   d) Führung der Bücher in deutscher Währung
   e) Erstellung von Inventar und Bilanz am Ende eines Geschäftsjahres
   f) Aufbewahrung der Bücher 10 Jahre, der Urbelege 6 Jahre.

Lösung zu Übung 2

1. Ausgangspunkt jeder Buchführung ist die Inventur
2. Das aufgestellte Verzeichnis heißt Inventar
3. Das in (2) genannte Verzeichnis gliedert sich in
   I Vermögen (Aktiva)
   II Schulden (Fremdkapital oder Passiva)
   III Eigenkapital (Reinvermögen)
4. Nennen Sie die Faustregel, mit der man das Vermögen umschreiben kann:

Vermögen ist alles, was ich zu meinen Gunsten zu Geld machen könnte oder was bereits für mich zu Geld geworden ist.

5. Wie heißt die einfache Gleichung, mit der man das Eigenkapital (Reinvermögen) ermitteln kann?
   Vermögen - Schulden = Eigenkapital

Lösung zu Übung 3

Inventar der Elektro-Großhandlung Hans Lampe, München zum 31. Dezember 19 . .

	DM	DM	DM
I. Vermögen (Aktiva)			
A. Anlagevermögen			
1. Gebäude, Ludwigstraße		100 000.—	
2. Geschäftsausstattung lt. bes. Verz.		25 000.—	
3. Fuhrpark lt. bes. Verzeichnis		62 000.—	187 000.—
B. Umlaufvermögen			
1. Warenbestand:			
Beleuchtungskörper lt. bes. Verz.	18 000.—		
Küchen- u. Haushaltsgeräte lt. bes. Verz.	125 000.—		
Rundfunk- u. Fernsehgeräte lt. bes. Verz.	60 000.—		
Sonstige Waren lt. bes. Verz.	35 000.—	238 000.—	
2. Forderungen auf Grund von Warenlieferungen u. Leistungen an Kunden lt. bes. Verzeichnis		30 000.—	
3. Guthaben bei der Sparkasse		20 000.—	
4. Kassenbestand		5 000.—	293 000.—
Summe des Vermögens:			480 000.—
II. Schulden (Fremdkapital oder Passiva)			
A. Langfristige Schulden			
1. Darlehen der Hypotheken- u. Wechselbank			120 000.—
B. Kurzfristige Schulden			
1. Verbindlichkeiten auf Grund von Warenlieferungen u. Leistungen von Lieferern lt. bes. Verzeichnis			45 000.—
Summe der Schulden:			165 000.—
III. Ermittlung des Eigenkapitals (Reinvermögen)			
Summe des Vermögens			480 000.—
— Summe der Schulden			165 000.—
Eigenkapital (Reinvermögen)			315 000.—

München, den 31. Dezember 19...

gez.: Hans Lampe

Lösung zu Übung 4

1. Woher stammt das Zahlenmaterial, das inhaltlich unverändert zur Bilanz umgeformt wird?
   Aus dem Inventar
2. Wie heißt man eine zweiseitig aufgemachte Rechnung?
   Ein Konto
3. a) Mit welchem Begriff kann man den Inhalt der linken Seite der Bilanz umschreiben?
      Aktiva oder Vermögen
   b) Mit welcher Faustregel kann man den in 3a gefragten Begriff erklären?
      Vermögen ist alles, was ich zu meinen Gunsten zu Geld machen könnte oder was bereits für mich zu Geld geworden ist.
4. Welche Posten enthält die Passivseite der Bilanz?
   a) Schulden (Fremdkapital)
   b) Eigenkapital (Reinvermögen)

Lösung zu Übung 5

Aktiva	Bilanz		Passiva
Geschäftshaus	180000,-	Hypothekenschuld	80000,-
Geschäftsausstattung	23000,-	Verbindlichkeiten	10400,-
Warenbestand	7000,-	Eigenkapital	129400,-
Forderungen	6000,-		
Guthaben Girokasse	2000,-		
Postscheckguthaben	1000,-		
Kassenbestand	800,-		
	219800,-		219800,-

Lösung zu Übung 6

Aktiva	Bilanz		Passiva
Fuhrpark	18000,-	Darlehensschuld	7000,-
Geschäftsausstattung	4900,-	Verbindlichkeiten	20000,-
Waren	18000,-	Eigenkapital	34000,-
Forderungen	12000,-		
Kassenbestand	8100,-		
	61000,-		61000,-

Kontenmäßige Darstellung der Übung 6

(Abkürzung für Anfangsbestand = AB)

Aktivkonten

Soll	Fuhrpark		Haben
AB	10000,–		
4. Verbindl.	8000,–		

Soll	G'Ausstattung		Haben
AB	5000,–	2. Kasse	100,–

Soll	Waren		Haben
AB	20000,–	1. Kasse	2000,–

Soll	Forderungen		Haben
AB	17000,–	3. Kasse	5000,–

Soll	Kasse		Haben
AB	4000,–	5. D'Schuld	3000,–
1. Waren	2000,–		
2. G'Ausst.	100,–		
3. Forder.	5000,–		

Aktiva	Bilanz		Passiva
Fuhrpark	10000,–	D'Schuld	10000,–
G'Ausst.	5000,–	Verbindl.	12000,–
Waren	20000,–	Kapital	34000,–
Forder.	17000,–		
Kasse	4000,–		
	56000,–		56000,–

Passivkonten

Soll	D'Schuld		Haben
5. Kasse	3000,–	AB	10000,–

Soll	Verbindlichkeiten		Haben
		AB	12000,–
		4. Fuhrpark	8000,–

Soll	Kapital		Haben
		AB	34000,–

Lösung zu Übung 7

1. a) Was versteht man unter einem Aktivkonto?
   Ein Aktivkonto wird von der Aktivseite der Bilanz abgeleitet. Auf ihm wird immer ein Vermögensbestandteil aufgezeichnet.
   b) Auf welcher Seite haben die Aktivkonten ihren Anfangsbestand?
   Auf der Sollseite
2. a) Was versteht man unter einem Passivkonto?
   Ein Passivkonto wird von der Passivseite der Bilanz abgeleitet. Auf ihm werden die Schulden bzw. das Eigenkapital aufgezeichnet.
   b) Auf welcher Seite haben die Passivkonten ihren Anfangsbestand?
   Auf der Habenseite
3. Bestimmen Sie,ob folgende Konten Aktiv- bzw. Passivkonten sind!
   a) Kasse - Aktiv
   b) Forderungen - Aktiv
   c) Verbindlichkeiten - Passiv
   d) Geschäftsausstattung – Aktiv
   e) Darlehensschulden - Passiv
   f) Eigenkapital - Passiv
   g) Fuhrpark - Aktiv
4. An was erkennt man, ob ein Bilanzposten ein Aktivposten ist?
   Es muß ein Vermögensposten sein (siehe Faustregel über Vermögen, Seite 10).
5. Auf welcher Seite nimmt ein Bestandskonto zu?
   Auf der Seite, auf der sein Anfangsbestand steht.
6. Welche Regel gilt bei der Aufstellung eines Buchungssatzes (Kontenanruf)?
   Sollkonto an Habenkonto

Lösung zu Übung 8:

Lösung 8 a, b, c

Aktiva	Bilanz		Passiva
BGA	7 000.—	D'Schuld	3 000.—
Waren	12 000.—	VbK	6 000.—
Kdf	6 000.—	Kapital	18 800.—
Bank	2 000.—		
Kasse	800.—		
	27 800.—		27 800.—

Soll	BGA		Haben
AB	7 000.—	5. Kasse	250.—
6. Kasse	750.—		

Soll	Waren		Haben
AB	12 000.—	1. Kdf	800.—
9. VbK	1 500.—		

Soll	Kdf		Haben
AB	6 000.—	3. Bank	1 250.—
1. Waren	800.—	10. Kasse	600.—

Soll	Bank		Haben
AB	2 000.—	2. VbK	1 200.—
3. Kdf	1 250.—	4. Kasse	500.—
		7. VbK	1 100.—
		8. D'Schuld	1 000.—

Soll	Kasse		Haben
AB	800.—	6. BGA	750.—
4. Bank	500.—		
5. BGA	250.—		
10. Kdf	600.—		

Soll	D'Schuld		Haben
8. Bank	1 000.—	AB	3 000.—

Soll	VbK		Haben
2. Bank	1 200.—	AB	6 000.—
7. Bank	1 100.—	9. Waren	1 500.—

Soll	Kapital		Haben
		AB	18 800.—

Lösung 8d

1.	Kdf	800,- DM	an	Waren	800,- DM
2.	Vbk	1200,- DM	an	Bank	1200,- DM
3.	Bank	1250,- DM	an	Kdf	1250,- DM
4.	Kasse	500,- DM	an	Bank	500,- DM
5.	Kasse	250,- DM	an	BGA	250,- DM
6.	BGA	750,- DM	an	Kasse	750,- DM
7.	Vbk	1100,- DM	an	Bank	1100,- DM
8.	D'Schuld	1000,- DM	an	Bank	1000,- DM
9.	Waren	1500,- DM	an	Vbk	1500,- DM
10.	Kasse	600,- DM	an	Kdf	600,- DM

Lösung zu Übung 9:

Aktiva	Bilanz		Passiva
Kasse	1000,-	Kapital	6000,-
Bank	5000,-		
	6000,-		6000,-

S	Kasse		H
AB	1000,-	1. Kapital	290,-
		5. Kapital	40,-

S	Bank		H
AB	5000,-	2. Kapital	500,-
4. Kapital	250,-	3. Kapital	600,-

S	Kapital		H
1. Kasse	290,-	AB	6000,-
2. Bank	500,-	4. Bank	250,-
3. Bank	600,-		
5. Kasse	40,-		

Lösung zu Übung 9 (mit Erfolgskonten)

Aktiva	Bilanz		Passiva
Kasse	1000,-	Kapital	6000,-
Bank	5000,-		
	6000,-		6000,-

S	Kasse		H
AB	1000,-	1. W.+R.	290,-
		5. AVK	40,-

S	Bank		H
AB	5000,-	2. AVK	500,-
4. Zins	250,-	3. GRK	600,-

S	Kapital		H
		Ab	6000,-

Erfolgskonten:

S	Werbe- u. Reisekosten		H
1. Kasse	290,-		

S	AVK		H
2. Bank	500,-		
5. Kasse	40,-		

S	GRK		H
3. Bank	600,-		

S	Zinserträge		H
		4. Bank	250,-

Abschluß der Erfolgskonten aus Übung 9:

S	Werbe- und Reisekosten		H
1. Kasse	290,-	V&G	290,-

S	AVK		H
2. Bank	500,-	V&G	540,-
5. Kasse	40,-		
	540,-		540,-

S	GRK		H
3. Bank	600,-	V&G	600,-

S	Zinserträge		H
V&G	250,-	4. Bank	250,-

S	V&G		H
Werbe u. Reisek.	290,-	Zinsertr.	250,-
AVK	540,-	Kap.	1180,-
GRK	600,-		
	1430,-		1430,-

S	Kapital		H
V&G	1180,-	AB	6000,-
= Saldo = Endk.	4820,-		
	6000,-		6000,-

Lösung zu Übung 10

Eröffnungsbilanz

Aktiva		Passiva	
Kasse	2 000.—	D'Schulden	5 000.—
Bank	3 000.—	Kapital	10 000.—
D'Ford.	10 000.—		
	15 000.—		15 000.—

Kasse

Soll		Haben	
AB	2 000.—	1. AVK	100.—
9. Privat	600.—	5. GRK	50.—
		7. Personalk.	1 000.—

Bank

Soll		Haben	
AB	3 000.—	2. GRK	500.—
4. Zinsaufw. + Ertr.	150.—	3. Zinsaufw. + Ertr.	400.—
6. Zinsaufw. + Ertr.	800.—	8. Privat	500.—
		10. Werbe- u. Reisek.	170.—

D'Forderungen

Soll		Haben	
AB	10 000.—		

D'Schulden

Soll		Haben	
		AB	5 000.—

Kapital

Soll		Haben	
V&G	**1 270.—**	AB	10 000.—
Endkapital	8 830.–	**Privat**	**100.—**
	10 100.—		10 100.—

Personalkosten

Soll		Haben	
7. Kasse	1 000.—	**V&G**	**1 000.—**
	1 000.—		1 000.—

GRK

Soll		Haben	
2. Bank	500.—	**V&G**	**550.—**
5. Kasse	50.—		
	550.—		550.—

Werbe- u. Reisekosten

Soll		Haben	
10. Bank	170.—	V&G	170.—
	170.—		170.—

AVK

Soll		Haben	
1. Kasse	100.—	V&G	100.—
	100.—		100.—

Soll	Privat		Haben
8. Bank	500.—	9. Kasse	600.—
Kapital	100.—		
	600.—		600.—

Soll	Zinsaufw. u. Erträge*		Haben
3. Bank	400.—	4. Bank	150.—
V&G	550.—	6. Bank	800.—
	950.—		950.—

Soll	V & G		Haben
Personalk.	1 000.—	Zinsaufw. + Ertr.	550.—
GRK	550.—	Kapital	1 270.—
Werbe- u. Reisek.	170.—		
AVK	100.—		
	1 820.—		1 820.—

* Später werden Zinsaufwendungen und Zinserträge in zwei getrennten Konten geführt.

Abschluß der Bestandskonten der Übung 10

S	Kasse		H
AB	2 000.—	1. AVK	100.—
9. Privat	600.—	5. GRK	50.—
		7. Personalk.	1 000.—
		S'Bilanz	**1 450.—**
	2 600.—		2 600.—

S	Bank		H
AB	3 000.—	2. GRK	500.—
4. Zinsaufw. + Ertr.	150.—	3. Zinsaufw. + Ertr.	400.—
6. Zinsaufw. + Ertr.	800.—	8. Privat	500.—
		10. Werbe- u. Reisek.	170.—
		S'Bilanz	**2 380.—**
	3 950.—		3 950.—

S	D'Forderungen		H
AB	10 000.—	**S'Bilanz**	**10 000.—**
	10 000.—		10 000.—

S	D'Schulden		H
S'Bilanz	**5 000.—**	AB	5 000.—
	5 000.—		5 000.—

S	Kapital		H
V&G	**1270.—**	AB	10 000.—
Endkapital geht auf S'Bilanz	**8 830.—**	**Privat**	**100.—**
	10 100.—		10 100.—

Aktiva	Schlußbilanz		Passiva
Kasse	**1 450.—**	**D'Schulden**	**5 000.—**
Bank	**2 380.—**	**Kapital**	**8 830.—**
D'Forder.	**10 000.—**		
	13 830.—		13 830.—

Lösung zu Übung 11

Buchungssätze für die Verbuchung der Geschäftsfälle:

1.	BGA	3000,- DM	an Kasse	3000,- DM
2.	Bank	2000,- DM	an Kasse	2000,- DM
3.	Wareneinkauf	1000,- DM	an Verbindl. (Vbk)	1000,- DM
4.	Wareneinkauf	25,- DM	an Kasse	25,- DM
5.	Kdf	800,- DM	an Warenverkauf	800,- DM
6.	Vbk	40,- DM	an Wareneinkauf	40,- DM
7.	Bank	784,- DM		
	K'SK	16,- DM	an Kdf	800,- DM

Der vom Kunden abgezogene Skonto bedeutet eine nachträgliche Ermäßigung des Verkaufserlöses. Nach unserer alten Faustregel gilt: Verluste stehen links!

8.	Vbk	900,- DM	an Bank	900,- DM
9.	Wareneinkauf	500,- DM	an Vbk	500,- DM
10.	Kdf	1400,- DM	an Warenverkauf	1400,- DM
11.	Vbk	500,- DM	an Bank	490,- DM
			L'SK	10,- DM

Der dem Lieferanten abgezogene Skonto bedeutet eine nachträgliche Ermäßigung des Einkaufspreises, also für uns letztlich einen Ertrag. Nach unserer alten Faustregel gilt: Erträge stehen rechts!

12.	Warenverkauf	25,- DM	an Kdf	25,- DM
	Warenverkauf	50,- DM	an Kdf	50,- DM
13.	Vbk	60,- DM	an Wareneinkauf	60,- DM
14.	Kdf	650,- DM	an Warenverkauf	650,- DM
15.	Privat	100,- DM	an Warenverkauf	100,- DM

Obwohl sich der Inhaber sehr wahrscheinlich die Ware zum Einstandspreis berechnet, handelt es sich im Grunde doch um einen Warenverkauf, nämlich um einen Verkauf von Waren durch den Betrieb an den Inhaber.

Die kontenmäßige Verbuchung der Übung 11 finden Sie auf Seite 142.

Kontenmäßige Verbuchung der Übung 11

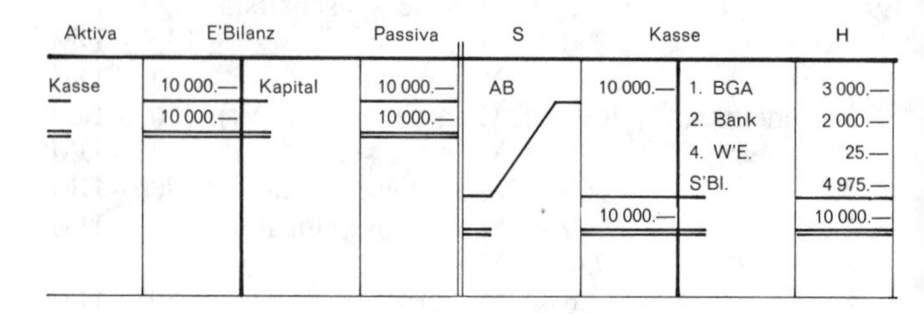

Aktiva	E'Bilanz		Passiva
Kasse	10 000.—	Kapital	10 000.—
	10 000.—		10 000.—

S	Kasse		H
AB	10 000.—	1. BGA	3 000.—
		2. Bank	2 000.—
		4. W'E.	25.—
		S'Bl.	4 975.—
	10 000.—		10 000.—

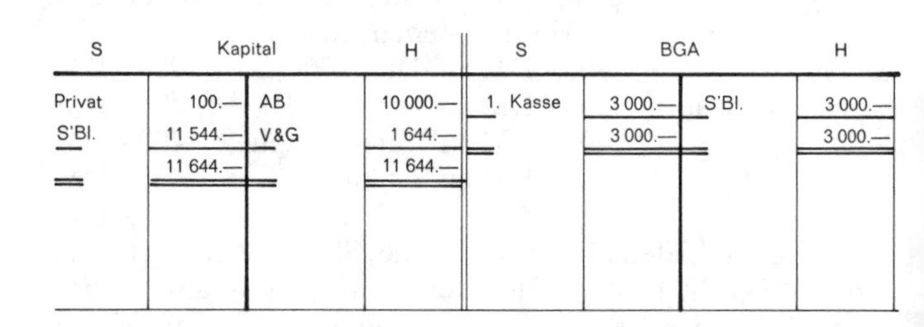

S	Kapital		H
Privat	100.—	AB	10 000.—
S'Bl.	11 544.—	V&G	1 644.—
	11 644.—		11 644.—

S	BGA		H
1. Kasse	3 000.—	S'Bl.	3 000.—
	3 000.—		3 000.—

S	Kdf		H
5. W'Verk.	800.—	7. Bank+K'SK.	800.—
10. W'Verk.	1 400.—	12. W'Verk.	25.—
14. W'Verk.	650.—	12. W'Verk.	50.—
		S'Bil.	1 975.—
	2 850.—		2 850.—

S	Bank		H
2. Kasse	2 000.—	8. VbK	900.—
7. Kdf	784.—	11. VbK	490.—
		S'Bil.	1 394.—
	2 784.—		2 784.—

S	Verbindlichkeiten		H
6. W'Eink.	40.—	3. W'Eink.	1 000.—
8. Bank	900.—	9. W'Eink.	500.—
11. Bank + L'Sk	500.—		
W'Einkauf	60.—		
	1 500.—		1 500.—

S	Privat		H
15. W'Verk.	100.—	Kapital	100.—
	100.—		100.—

S	Wareneinkauf		H
3. VbK	1 000.—	6. VbK	40.—
4. Kasse	25.—	13. VbK.	60.—
9. VbK	500.—	S'Bil.	200.—
		V+G	1 225.—
	1 525.—		1 525.—

S	Liefererskonti (L'SK)		H
V&G	10.—	11. VbK	10.—
	10.—		10.—

S	Warenverkauf		H
12. Kdf	25.—	5. Kdf	800.—
12. Kdf	50.—	10. Kdf	1 400.—
V+G	2 875.—	14. Kdf	650.—
		15. Privat	100.—
	2 950.—		2 950.—

S	Kundenskonti (K'SK)		H
7. Kdf	16.—	V&G	16.—
	16.—		16.—

S	V & G		H
W'Einkauf	1 225.—	L'SK	10.—
K'SK	16.—	W'Verkauf	2 875.—
Kapital	1 644.—		
	2 885.—		2 885.—

Aktiva	S'Bilanz		Passiva
Kasse	4 975.—	Kapital	11 544.—
BGA	3 000.—		
Bank	1 394.—		
Kdf	1 975.—		
W'Eink.	200.—		
	11 544.—		11 544.—

Lösung zu Übung 12

Aufgabe 1

a) Fuhrpark 16000,- DM an Bank 16000,- DM

b) Abschreibungsquote für 1 Jahr: 16000 : 4 = 4000,- DM
In unserem Fall: Abschreibung für 1/2 Jahr = 2000,- DM
Abschreibungen 2000,- DM an Fuhrpark 2000,- DM

c)

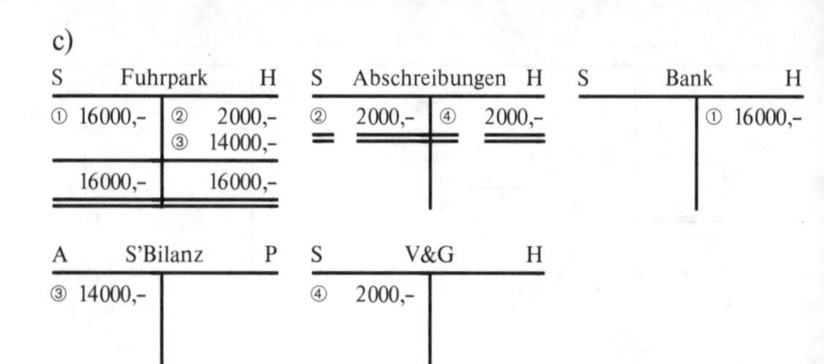

S	Fuhrpark	H
① 16000,-	② 2000,-	
	③ 14000,-	
16000,-	16000,-	

S	Abschreibungen	H
② 2000,-	④ 2000,-	

S	Bank	H
	① 16000,-	

A	S'Bilanz	P
③ 14000,-		

S	V&G	H
④ 2000,-		

Aufgabe 2

a) BGA 5600,- DM an Vbk 5600,- DM
BGA 250,- DM an Kasse 250,- DM
BGA 150,- DM an Kasse 150,- DM

6000,- DM (= Anschaffungswert)

b) $$\text{Abschreibungsquote} = \frac{\text{Anschaffungswert}}{(1 + 2 + 3 + \ldots n)} \times (1 + \text{Restnutzungsdauer})$$

$$\text{Abschreibungsquote} = \frac{6000,\text{- DM}}{(1 + 2 + 3 + 4 + 5)} \times (1 + 4)$$

$$= 400,\text{- DM} \times 5$$

$$= 2000,\text{- DM}$$

Abschreibungsquote 2. Jahr: 1600,- DM
Abschreibungsquote 3. Jahr: 1200,- DM
Abschreibungsquote 4. Jahr: 800,- DM
Abschreibungsquote 5. Jahr: 400,- DM
Buchungssatz am Ende des ersten Jahres:
Abschreibungen 2000,- DM an BGA 2000,- DM

c)

S	BGA	H
① 5600,-	④ 2000,-	
② 250,-	⑤ 4000,-	
③ 150,-		
6000,-	6000,-	

S	Abschreib.	H
④ 2000,-	⑥ 2000,-	

S	Vbk	H
	① 5600,-	

A	S'Bilanz	P
⑤ 4000,–		

S	V&G	H
⑥ 2000,–		

S	Kasse	H
		② 250,–
		③ 150,–

d) Abschreibungstabelle nach § 7 EStG:
Der Anschaffungswert der Tiefkühltruhe ist 6000,– DM. Die Nutzungsdauer beträgt 5 Jahre. Demnach ist der lineare

Abschreibungssatz $\frac{100\,\%}{5 \text{ Jahre}} = 20\,\%$ pro Jahr.

Das Dreifache dieses Satzes wäre $3 \times 20\,\% = 60\,\%$. Der zugelassene Höchstsatz für die degressive Abschreibung ist jedoch nur 30 %.

Vergleich zwischen

degressiver Abschreibung			**linearer Abschreibung**
	DM		DM
Anschaffungswert	6000,–	100 %	6000,– : 5
– 1. Abschreibung	1800,–	30 %	1200,–
Restwert Ende 1. Jahr	4200,–	100 %	4200,– : 4
– 2. Abschreibung	1260,–	30 %	1050,–
Restwert Ende 2. Jahr	2940,–	100 %	2940,– : 3
– 3. Abschreibung	882,–	30 %	980,–
Restwert Ende 3. Jahr			1960,–
– 4. Abschreibung			980,–
Restwert Ende 4. Jahr			980,–
– 5. Abschreibung			980,–
Restwert Ende 5. Jahr			0,–

Aufgabe 3

a) Geringwertige Wirtschaftsgüter 450,– DM an Kasse 450,– DM

b) Abschreibungen 449,– DM
BGA 1,– DM an Geringwertige Wirtschaftsgüter 450,– DM

Lösung zu Übung 13

1. Wareneinkauf	500,- DM	an Vbk	500,- DM
2. Kundenford.	800,- DM	an W'Verkauf	800,- DM
3. Bank	300,- DM	an Kundenford.	300,- DM
4. Wechselford.	500,- DM	an Kundenford.	500,- DM
5. Vbk	500,- DM	an W'Forder.	500,- DM
6. Vbk	750,- DM	an Sch'Wechsel	750,- DM
(vorausgegangene Buchung:)			
Wareneinkauf	750,- DM	an Vbk	750,- DM
7. Bank	235,- DM	an W'Forder.	235,- DM
8. Neko	5,- DM	an Bank	5,- DM
9. Bank	992,- DM		
Zinsaufwendungen	8,- DM	an W'Forder.	1000,- DM

Lösung zu Übung 14

1. a) Kundenford.	3574,45 DM	an Bank	3574,45 DM
b) Wechselford.	3616,16 DM	an Kundenford.	3574,45 DM
		Zinsaufw. + Ertr.	36,16 DM
		Neko	5,55 DM
2. Wechselford.	1200,- DM		
Zinsaufw. + Ertr.	2,- DM		
a. o. A. + E.	29,- DM	an Verbindlichk.	1231,- DM
3. Kundenford.	1242,- DM	an Wechselford.	1200,- DM
		Zinsaufw. + Ertr.	4,- DM
		a. o. A. + E.	38,- DM

Lösung zu Übung 15 siehe Seiten 167 und 168

Lösung zu Übung 16

1.	2000	Wareneink.	200,– DM	an 44	Verbindlichk.	224,– DM
	260	Vorsteuer	24,– DM			
2.	282	Kasse	560,– DM	an 5000	Warenverk.	500,– DM
				an 480	Umsatzsteuer	60,– DM
3.	605	Fuhrparkk.	70,– DM			
	260	Vorsteuer	8,40 DM	an 282	Kasse	78,40 DM
4.	613	Instandh.	500,– DM	an 280	Bank	560,– DM
	260	Vorsteuer	60,– DM			
5.	240	Kundenforderungen				
			2800,– DM	an 5000	Warenverk.	2 500,– DM
				480	Umsatzsteuer	300,– DM

6.

S	260 Vorsteuer	H
①	24,--	92,40
③	8,40	
④	60,--	
	92,40	92,40

S	480 Umsatzsteuer		H
	92,40	②	60,-
Zahllast =	267,60	⑤	300,-
	360,-		360,-

Lösung zu Übung 17

I. Nettoverfahren

1.	240	Kundenford.	336,– DM	an 5000	Warenverk.	300,– DM
				480	Umsatzsteuer	36,– DM
2.	5000	Warenverk.	30,– DM	an 240	Kundenford.	33,60 DM
	480	Umsatzsteuer	3,60 DM			

	DM	10% Nachlaß	Rest- forderung	2% Skonto	Über- weisung
Nettobetrag	300,--	30,--	270,--	5,40	
+ Umsatzsteuer	36,--	3,60	32,40	0,65	
Bruttobetrag	336,-	33,60	302,40	6,05	296,35

3.	280	Bank	296,35 DM			
	5002	Kundenskonti	5,40 DM			
	480	Umsatzsteuer	0,65 DM	an 240	Kundenford.	302,40 DM

Kontenmäßige Darstellung von Fall 1 bis 3:

S	240 Kundenford.		H
①	336,-	②	33,60
		③	302,40
	336,-		336,-

S	5000 Warenverkauf		H
②	30,-	①	300,-

S	480 Umsatzsteuer		H
②	3,60	①	36,-
③	0,65		

S	280 Bank		H
③	296,35		

S	5002 Kundenskonti		H
③	5,40		

4.	2000 Wareneink.	500,– DM				
	260 Vorsteuer	60,– DM	an	44	Verbindl.	560,– DM
5.	44 Verbindl.	89,60 DM	an	2000	Wareneink.	80,– DM
				260	Vorsteuer	9,60 DM

6.

	DM	Rück-sendung	Rest-schuld	3% Skonto	Über-weisung
Nettobetrag	500,-	80,--	420,--	12,60	
+ Umsatzsteuer	60,-	9,60	50,40	1,51	
Bruttobetrag	560,-	89,60	470,40	14,11	456,29

Buchungssatz:

44 Verbindlichk.	470,40 DM	an	280	Bank	456,29 DM
			2003	Lief'Skonti	12,60 DM
			260	Vorsteuer	1,51 DM

Kontenmäßige Darstellung von Fall 4 bis 6:

S	2000 Wareneinkauf		H
④	500,-	⑤	80,-

S	260 Vorsteuer		H
④	60,-	⑤	9,60
		⑥	1,51

S	44 Verbindlichk.		H
⑤	89,60	④	560,-
⑥	470,40		
	560,--		560,-

S	280 Bank		H
		⑥	456,29

S	2003 Liefererskonti		H
		⑥	12,60

II. Bruttoverfahren

1. 240 Kundenford. 336,– DM an 5000 Warenverk. 336,– DM
2. 5000 Warenverk. 33,60 DM an 240 Kundenford. 33,60 DM
3.

Bruttobetrag	336,-- DM	
- Nachlaß	33,60 DM	
Restforderung	302,40 DM	100%
- Skonto	6,05 DM	2%
Überweisung	296,35 DM	98%

Buchung:

280 Bank	296,35 DM	an 240 Kundenford.	302,40 DM
5002 Kundenskonti	6,05 DM		

Kontenmäßige Darstellung von Fall 1 bis 3:

S 240 Kundenford.		H	
①	336,-	②	33,60
		③	302,40
	336,-		336,-

S 5000 Warenverkauf		H	
②	33,60	①	336,-
195	**32,40**		

S 280 Bank		H	
③	296,35		

S 5002 Kundenskonti		H	
③	6,05	**195**	**0,65**

S 480 Umsatzsteuer		H	
41	**0,65**	**80**	**32,40**

Korrekturbuchungen zur Berichtigung der Umsatzsteuer:

Konto Warenverkauf:

Habensumme	336,-- DM	
- Sollsumme	33,60 DM	
Saldo	302,40 DM	= 112%
enthaltene U'Steuer	32,40 DM	= 12%

Konto Kundenskonti:

Sollsumme	6,05 DM	= 112%
enthaltene U'Steuer	0,65 DM	= 12%

Buchungen:

5000 Warenverkauf	32,40 DM	an 480	U'Steuer	32,40 DM
480 U'Steuer	0,65 DM	an 5002	Kundenskonti	0,65 DM

4. 2000 Wareneinkauf	560,– DM	an 44	Verbindlichk.	560,– DM
5. 44 Verbindlichk.	89,60 DM	an 2000	Wareneink.	89,60 DM

6.

Bruttobetrag	560,-- DM	
- Rücksendung	89,60 DM	
Restschuld	470,40 DM	= 100%
- Skonto	14,11 DM	= 3%
Überweisung	456,29 DM	= 97%

Buchungssatz:

44 Verbindlichk.	470,40 DM	an 280	Bank	456,29 DM
		2003	Lief'Skonti	14,11 DM

Korrekturbuchungen zur Berichtigung der Umsatzsteuer:

Konto Wareneinkauf:

Sollsumme	560,-- DM	
- Habensumme	89,60 DM	
Saldo	470,40 DM	= 112%
enthaltene U'Steuer	50,40 DM	= 12%

Konto Liefererskonti:

Habensumme	14,11 DM	= 112%
enthaltene U'Steuer	1,51 DM	= 12%

Kontenmäßige Darstellung von Fall 4 bis 6:

S	2000 Wareneinkauf		H
④	560,-	⑤	89,60
		115	50,40

S	44 Verbindlichk.		H
⑤	89,60	④	560,-
⑥	470,40		
	560,-		560,-

S	280 Bank		H
		⑥	456,29

S	2003 Liefererskonti		H
115	1,51	⑥	14,11

S	260 Vorsteuer		H
30	50,40	48	1,51

Buchungen:

260	Vorsteuer	50,40 DM	an 2000	Wareneink.	50,40 DM
2003	Liefererskonti	1,51 DM	an 260	Vorsteuer	1,51 DM

Lösung 18 zum zusammenfassenden Geschäftsgang

Kontenmäßige Darstellung siehe Inventarbogen und 32-Konten-Blatt (Seiten 154–157).

Zusammenfassender Geschäftsgang aus dem Großhandel

Inventar der Großhandlung Fritz Klug, Hamburg

I. VERMÖGEN (AKTIVA)				
A.	Anlagevermögen			
1.	Geschäftsausstattung			5000.–
B.	Umlaufvermögen			
1.	Warenbestand		49000.–	
2.	Forderungen auf Grund von Waren-			
	lieferungen u. Leistungen an Kunden			
	Karl Josenhans, Hamburg	2500.–		
	Werner Karsten, Hamburg	550.–		
	Klaus Schulze, Hamburg	350.–	3400.–	
3.	Wechselforderungen		1300.–	
4.	Bankguthaben		16100.–	
5.	Kassenbestand		700.–	70500.–
	Summe des Vermögens			75500.–
II. SCHULDEN (FREMDKAPITAL ODER PASSIVA)				
1.	Verbindlichkeiten auf Grund von Waren-			
	lieferungen u. Leistungen von Lieferern			
	Nährmittelwerke Ulm		3800.–	
	Franz Freund, Celle		5300.–	9100.–
2.	Wechselschulden			1200.–
	Summe der Schulden			10300.–
III. ERMITTLUNG DES EIGENKAPITALS (Reinvermögen)				
	Summe des Vermögens			75500.–
–	Summe der Schulden			10300.–
	Eigenkapital			65200.–
		Datum:		
		Unterschrift des Inhabers:		

Kontenanruf ohne DM-Beträge für die laufenden Geschäftsfälle:

1. 280 an 240
   5002
2. 44 an 280
   2003
3. 280 an 245
   675
4. 245 an 240
5. 2000 an 44
6. 282 an 5000
7. 5000 an 240
8. 3001 an 282
9. 670 an 282
10. 240 an 5000
11. 44 an 245
12. 2000 an 44
13. 670
    260 an 282
14. 282 an 3001
15. 44 an 2000
16. 3001 an 5000
17. 089
    260 an 280
18. 680 an 280
19. 63 an 282
20. 700/770 an 280
21. 282 an 5000
22. 280 an 282
23. 44 an 280

Abschlußbuchungen

24. 260 an 2000
25. 2003 an 260
26. 5000 an 480
27. 480 an 5002
28. 480 an 260
29. 3000 an 3001
30. 650 an 089
31. 650 an 080
32. 801 an 2000, dann Saldo von 2000 über 802 abschließen.

Lösung: Zusammenfassender Geschäftsgang aus dem Großhandel

Eröffnungsbilanz

Aktiva			Passiva
080 BGA	5000,—	300 Kapital	65200,—
2000 Waren	49000,—	44 V & K	9100,—
240 Kdf	3400,—	45 Schuldw.	1200,—
245 W'Ford.	1300,—		
280 Bank	16100,—		
282 Kasse	700,—		
	75500,—		75500,—

080 BGA

AB	5000,—	31. 650	150,–
		S'Bil	4856,–
	5000,—		5000,–

089 GWG

17. 280	650,—	30. 650	650,—
	650,—		650,—

2000 Wareneinkauf

AB	49000,—	15. 44	166,5
5. 44	12800,—	24. 260	2789,3
12. 44	13400,—	32. 801	48000,–
			24244,2
	75200,—		75200,–

2003 Liefererskonti

25. 260	17,04	2. 44	159,—
V + G	141,96		
	159,—		159,—

240 Kundenforder.

AB	3400,—	1. 280/5002	400,–
10. 500	530,—	4. 245	1100,–
		7. 5000	777,–
		S'Bil.	1653,–
	3930,—		3930,–

245 Wechselforder.

AB	1300,—	3. 280/675	1300,—
4. 240	1100,—	11. 44	1100,—
	2400,—		2400,—

260 Vorsteuer

13. 282	10,80	25. 2003	17,0
17. 280	78,—	28. 480	2861,0
24. 2000	2789,30		
	2878,10		2878,1

280 Bank

Soll		Haben	
	16100,—	2. 44	5141,—
240	392,—	17. 089/260	728,—
245	1295,—	18. 680	135,—
. 282	46500,—	20. 700/770	240,—
		23. 44	12800,—
		S'Bil.	45243,—
	64287,—		64287,—

282 Kasse

Soll		Haben	
AB	700,—	8. 3001	750,—
6. 5000	24220,—	9. 670	450,—
14. 3001	2900,—	13. 670/260	100,80
21. 5000	27100,—	19. 63	1300,—
		22. 280	46500,—
		S'Bil.	5819,20
	54920,—		54920,—

300 Kapital

Soll		Haben	
Bil.	85807,24	AB	65200,—
		29. 3001	2016,80
		V + G	18590,44
	85807,24		85807,24

3001 Privat

Soll		Haben	
8. 282	750,—	14. 282	2900,—
16. 5000	133,20		
29. 3000	2016,80		
	2900,—		2900,—

44 Verbindlichk.

Soll		Haben	
280/2003	5300,—	AB	9100,—
245	1100,—	5. 2000	12800,—
2000	166,50	12. 2000	13400,—
. 280	12800,—		
Bil	15933,50		
	35300,—		35300,—

45 Schuldwechsel

Soll		Haben	
S'Bil.	1200,—	AB	1200,—
	1200,—		1200,—

480 Umsatzsteuer

Soll		Haben	
5002	0,86	26. 5000	5486,38
260	2861,06		
Bil.	2624,46		
	5486,38		5486,38

5000 Warenverkauf

Soll		Haben	
7. 240	777,—	6. 282	24220,—
26. 480	5486,38	10. 240	530,—
V + G	45719,82	16. 3001	133,20
		21. 282	27100,—
	51983,20		51983,20

5002 Kundenskonti

Soll		Haben	
1. 240	8,—	27. 480	0,86
		V + G	7,14
	8,—		8,—

63 Gehälter

Soll		Haben	
19. 282	1 300,—	V + G	1 300,-
	1 300,—		1 300,-

650 Abschreibungen

Soll		Haben	
30. 089	650,—	V + G	800,—
31. 080	150,—		
	800,—		800,—

670 GRK

Soll		Haben	
9. 282	450,—	V + G	540,-
13. 282	90,—		
	540,—		540,-

675 Netto

Soll		Haben	
3. 245	5,—	V + G	5,—
	5,—		5,—

680 AVK

Soll		Haben	
18. 280	135,—	V + G	135,-
	135,—		135,-

700/770 Gewerbesteuer

Soll		Haben	
20. 280	240,—	V + G	240,—
	240,—		240,—

802 V + G			
0	24 244,20	2003*	141,96
2*	7,14	5000	45 719,82
	1 300,—		
	800,—		
	540,—		
	5,—		
	135,—		
770	240,—		
	18 590,44		
	45 861,78		45 861,78

801 Schlußbilanz			
080	4 850,—	44	15 933,50
240	1 653,—	45	1 200,—
280	45 243,—	480	2 624,46
282	5 819,20	300	85 807,24
2000	48 000,—		
	105 565,20		105 565,20

* **Anmerkung:**

Im Großhandel ist es verbreitet üblich, Kundenskonti und Liefererskonti auf V + G auszuweisen.
Im Einzelhandel und im Industriebetrieb wird Kundenskonti über Warenverkauf und Liefererskonti über Wareneinkauf abgeschlossen.

Berichtigung der Umsatzsteuer:

Umsatz auf 2000 Wareneinkauf	=	26 033,50 DM	112 %
enthaltene Vorsteuer	=	2 789,30 DM	12 %
Umsatz auf 2003 Liefererskonti	=	159,— DM	112 %
enthaltene Vorsteuer	=	17,04 DM	12 %
Umsatz auf 5000 Warenverkauf	=	51 206,20 DM	112 %
enthaltene Umsatzsteuer	=	5 486,38 DM	12 %
Umsatz auf 5002 Kundenskonti	=	8,— DM	112 %
enthaltene Umsatzsteuer	=	0,86 DM	12 %

Lösung 19: Abschluß einer Großhandlung

		Summenbilanz		Saldenbilanz	
		Soll	Haben	Soll	Ha
051	Gebäude	84000,–		84000,–	
070	Fuhrpark	10000,–		10000,–	
080	Geschäftsausstattung	16400,–		16400,–	
2000	Wareneinkauf	452000,–	3000,–	449000,–	
2001	Bezugskosten	2700,–		2700,–	
240	Kundenforderungen	681000,–	624000,–	57000,–	
260	Vorsteuer	320,–		320,–	
27	Wertpapiere	5800,–		5800,–	
280	Bank	567300,–	520800,–	46500,–	
282	Kasse	87400,–	85700,–	1700,–	
300	Kapital		136310,–		136
3001	Privat	21000,–		21000,–	
421	Hypothekenschuld	1300,–	40000,–		38
43	Anzahlungen von Kunden		7000,–		7
44	Verbindlichkeiten	405000,–	453000,–		48
480	Umsatzsteuer		530,–		
5000	Warenverkauf		636000,–		636
5001	Retouren	2000,–		2000,–	
540	Hauserträge		17500,–		17
613	Instandhaltungskosten	4200,–		4200,–	
650	Abschreibungen				
670	Geschäftsraumkosten	8000,–		8000,–	
674	Ausgangsfrachten	3200,–		3200,–	
680	AVK	83100,–		83100,–	
708	Steuern	87000,–		87000,–	
76	außerordentliche Aufwendungen	2120,–		2120,–	
		2523840,–	2523840,–	884040,–	884

	Umbuchungen		Saldenbilanz II		V & G		Schlußbilanz	
	Soll	Haben	Soll	Haben	Soll	Haben	Aktiva	Passiva
:50		1 680,–	82 320,–				82 320,–	
550		2 000,–	8 000,–				8 000,–	
550		820,–	15 580,–				15 580,–	
001	2 700,–		451 700,–		428 700,–		23 000,–	
00		2 700,–						
			57 000,–				57 000,–	
80		320,–						
			5 800,–				5 800,–	
			46 500,–				46 500,–	
			1 700,–				1 700,–	
01	21 000,–			115 310,–				115 310,–
00		21 000,–						
				38 700,–				38 700,–
				7 000,–				7 000,–
				48 000,–				48 000,–
60	320,–			210,–				210,–
01	2 000,–			634 000,–		634 000,–		
00		2 000,–						
				17 500,–		17 500,–		
			4 200,–		4 200,–			
080	4 500,–		4 500,–		4 500,–			
			8 000,–		8 000,–			
			3 200,–		3 200,–			
			83 100,–		83 100,–			
			87 000,–		87 000,–			
			2 120,–		2 120,–			
	30 520,–	30 520,–	860 720,–	860 720,–	620 820,–	651 500,–	239 900,–	209 220,–
Gewinn laut V & G und Schlußbilanz:					30 680,–			30 680,–
					651 500,–	651 500,–	239 900,–	239 900,–

Lösung zu Übung 20:

Nr.	Soll	Betrag		Haben	Betrag
1.	685 Werbe- und Reisekosten	500,– DM	an	489 s. Verbindl.	560,– DM
	260 Vorsteuer	60,– DM			
2.	29 Ü'Aktiva	400,– DM	an	690 Vers'beiträge	400,– DM
3.	615 Provisionen	1000,– DM	an	489 s. Verbindl.	1120,– DM
	260 Vorsteuer	120,– DM			
4.	540 H. E.	650,– DM	an	49 Ü'Passiva	650,– DM

5. Kontenmäßige Darstellung:

Buchungen im alten Jahr:

S	685 Werbe- und Reisekosten		H
①	4000,-	②	3000,-
		③	1000,-
	4000,-		4000,-

S	280 Bank		H
		①	4480,-

S	260 Vorsteuer		H
①	480,-		

S	29 Übergangsaktiva		H
②	3000,-	④	3000,-

S	V&G **(altes Jahr)**		H
③	1000,-		

A	Schlußbilanz		P
④	3000,-		

Buchungen im neuen Jahr:

S	685 Werbe- und Reisekosten		H
①	3000,-	②	2000,-
		③	1000,-
	3000,-		3000,-

S	29 Übergangsaktiva		H
AB	3000,-	①	3000,-
②	2000,-	④	2000,-
	5000,-		5000,-

S	V&G **(neues Jahr)**		H
③	1000,-		

A	Schlußbilanz		P
④	2000,-		

Nr.	Soll	Betrag		Haben	Betrag
6. a)	700/770 Gew'St	1000,– DM	an	37 Rückstell.	1000,– DM
b)	37 Rückstell.	900,– DM	an	280 Bank	900,– DM
	37 Rückstell.	100,– DM	an	58 a. o. Erträge	100,– DM
c)	37 Rückstell.	1250,– DM	an	281 Postgiro	1250,– DM
	76 a. o. Aufw.	250,– DM	an	37 Rückstell.	250,– DM

7.	37 Rückstell.	300,– DM	an	44	Verbindlichk.	336,– DM
	260 Vorsteuer	36,– DM				
8.	29 Ü'Aktiva	50,– DM	an	680	AVK	50,– DM
9.	269 sonst. Ford.	200,– DM	an	57	Zinserträge	200,– DM
10.	62 Löhne	950,– DM	an	489	s. Vbk	950,– DM

Lösung zu Übung 21:

1.

S	080 BGA	H
AB 3000,-		① 2500,-
		② 400,-
		③ 100,-
3000,-		3000,-

S	36 Wertbericht.	H
① 2500,-		AB 2500,-

S	282 Kasse	H
② 448,-		

S	76 a.o. Aufw.	H
③ 100,-		

S	480 Umsatzsteuer	H
		② 48,-

2. **Altes Jahr:**

S	240 Kundenford.	H
AB 1000,-		S'B. 1000,-

S	36 Wertbericht.	H
S'B. 800,-		① 800,-

S	651 Abschreib. auf U'Vermögen*	H
① 800,-		V&G 800,-

A	Schlußbilanz	P
10 1000,-		090 800,-

S	V&G	H
591 800,-		

Neues Jahr:

S	240 Kundenford.	H
AB 1000,--		② 150,-
⑤ 41,07		③ 800,-
		④ 91,07
1041,07		1041,07

S	36 Wertbericht.	H
③ 800,-		AB 800,-

S	280 Bank	H
② 150,-		

S	58 a.o. Erträge	H
		⑤ 41,07

S	480 Umsatzsteuer	H
④ 91,07		

*Umlaufvermögen

Endabrechnung:

Gesamtforderung (brutto)	1000,-- DM	
- Überweisung (brutto)	150,-- DM	
Verlust (brutto)	850,-- DM	= 112%
- darin enthaltene Umsatzsteuer	**91,07 DM**	= 12%*
Selbstzutragender Verlust	758,93 DM	

*) Die darin enthaltene Umsatzsteuer ist als Rückbuchung aufzufassen! (Normalbuchung bei Ausgang der Rechnung an den Kunden: 240 Kundenforderungen an 480 Umsatzsteuer, 5000 Warenverkauf.)

Probe:

Im alten Jahr haben wir 800,- DM abgeschrieben. Laut Endabrechnung beträgt der von uns zu tragende Verlust aber nur 758,93 DM.

Daraus folgt:

800,-- DM
- 758,93 DM
41,07 DM

sind im neuen Jahr als Korrektur auf Konto 58 außerordentliche Erträge zu buchen.

Lösung zu Übung 22

1.	265 Lohn- u. Gehaltsvorschuß	200,– DM	an	282 Kasse	200,– DM
2.	160 Darlehensforderungen	5000,– DM	an	282 Kasse	5000,– DM
3.	63 Gehälter	15000,– DM	an	280 Bank	11550,– DM
				265	200,– DM
				160	100,– DM
				483	1200,– DM
				484	1700,– DM
				540 Hauserträge	250,– DM
4.	64 Soziale Aufw.	1850,– DM	an	484	1850,– DM
5.	483	1200,– DM	an	280 Bank	4750,– DM
	484	3550,– DM			

Register

A
Abgrenzung, zeitliche 104
Abschluß der Bestandskonten 34
Abschluß der Erfolgskonten 30
Abschluß der Warenkonten 43
Abschreibung, direkte 45, 50
Abschreibung, indirekte 50, 118
Abschreibungsmethoden:
–: arithmetisch degressive 49
–: degressive 47
–: digitale 52
–: lineare 46
–: progressive 49
Abschreibungssätze 50
Aktiva 10, 17, 18
Aktivkonto 20, 21, 22
Akzept, Akzeptant 53, 56
Anlagevermögen 11
Anschaffungswert 52
Aufwendung 26, 27
Aussteller (Wechsel) 53, 54

B
Besitzwechsel 54
Bestandskonto 21, 22
Betriebsübersicht 94
Bilanz 15, 17, 18, 19, 20, 22
Bilanzbuch 86
Bilanzgleichgewicht 23
Buchführung; ordnungsgemäße 8
Buchhalternase (-riegel) 16
Buchungssatz 23
Bruttoverfahren (Umsatzsteuer) 80, 81

D
Debitoren 89
Diskont(ierung) 54
Durchschreibebuchführung 89

E
Eigenkapital 10, 13, 17
Erfolgskonto 26, 29
Einfuhrumsatzsteuer 70
Erinnerungsmark 51
Ertrag 26, 27

F
Fremdkapital 10, 13, 17

G
Gleichgewicht 18
Grundbuch 86
Grundlagen; gesetzliche 8

H
Haben 21
Hauptbuch 86

I
Indossament 54
Inkassogeschäft 58
Inkassowechsel 58
Inventar 10, 15, 19
Inventur 10

J
Journal 86

K
Kapitalkonto 26
Kassenbuch 87
Kontenanruf 23
Kontenarten 68
Kontengruppe 21, 68
Kontenklasse 67, 68
Kontenplan 69
Kontenrahmen 66
Kreditoren 89
Kundenkartei 87
Kundenskonti 40

L
Lieferantenkartei 87
Liefererskonti 40
Liquiditätsgrad 13
Lombardierung 54

M
Mehrwertsteuer 69
Memorialmark 51

N
Nebenbücher 87
Nettoverfahren (Umsatzsteuer) 80, 81

P
Passiva 10, 13, 17
Passivkonto 20, 21, 22
Personalkosten 123
Preisnachlässe 76
Prolongationswechsel 60
Protesturkunde 62
Protestwechsel 60

R
Regreß (Wechsel) 62
Reinvermögen 10, 13
Remittent 54
Rimesse 56

S
Saldieren 28
Saldo 28
Schlußbilanz 34
Schulden 10, 13
Schuldwechsel 56
Skontiabzüge 76
Skonto; Kunden 40
Skonto; Lieferer 40
Soll 21
Sozialversicherung 123
Steuern 8

T
Trassant 53
Trassat 53
Tratte 54

U
Übergangsaktiva 104, 105, 106
Übergangspassiva 107, 108
Umlaufvermögen 11, 13
Umsatzsteuer 69, 70

V
Verlust 30
Verlust- und Gewinnkonto 32, 102
Vermögen 10, 11, 17, 21
Vorschuß 125
Vorsteuerabzug 72

W
Wareneinsatz 41
Warenkartei 87
Warenkonto 37
Warenrücksendungen 76
Wechsel 53
Wechselkopierbuch 87
Wechselnehmer 54
Wechselprotest 60
Wechselrückgriff 62
Wertberichtigung 119
Wirtschaftsgüter; geringwertige 46

Z
Zahllast 73

Lösung zu Übung 15

Vereinfachter Kontenrahmen für Großhandelsbetriebe nach dem Abschlußgliederungsprinzip des IKR (Teil 1)

Klasse 0	Klasse 1	Klasse 2	Klasse 3	Klasse 4
Aktiva (Anlagevermögen)		Aktiva (Umlaufvermögen)	Passiva (Eigenkapital, Wertberichtigungen, Rückstellungen)	Passiva (Verbindlichkeiten, Rechnungsabgrenzung)
02 Rechtswerte 020 Patente 05 Grundstücke u. Gebäude 050 Unbebaute Grundstücke 051 Gebäude 07 Technische Anlagen und Maschinen 070 Fuhrpark 08 Andere Anlagen 080 BGA, Betriebs- u. Geschäftsausstattung 089 GWG, geringwertige Wirtschaftsgüter	13 Beteiligungen 15 Wertpapiere des Anlagevermögens 16 Langfristige Forderungen 160 Darlehensforderungen 161 Hypotheken-forderungen	20 Waren 2000 Wareneinkauf 2001 Bezugskosten 2002 Preisnachlässe u. Rücksendungen 2003 Skonti von Lieferern gewährt (LSK) 2004 Liefererboni 23 Anzahlungen an Lieferer 24 Forderungen 240 Kundenforderungen (Kdf) 241 Zweifelhafte Kdf 245 Wechselforderungen (Besitzwechsel) 26 Sonstige Forderungen 260 Vorsteuer 265 Lohn- u. Gehalts-vorschüsse 269 Sonstige kurz-fristige Forderungen	30 Eigenkapital 300 (Eigen-)Kapital 3001 Privat 36 Wertberichtigungen 37 Rückstellungen ◄ 27 Wertpapiere des Umlaufvermögens 28 Flüssige Mittel 280 Bank 281 Postgiro 282 Kasse 29 Übergangsaktiva (Aktive Rechnungs-abgrenzung)	42 Langfristige Verbindlichkeiten 420 Darlehensschuld 421 Hypothekenschuld 43 Anzahlungen von Kunden 44 Verbindlichkeiten an Lieferer (VbK) 45 Schuldwechsel 48 Sonstige Vorbindlichkeiten 480 Umsatzsteuer 483 Abzuführende Lohn- u. Kirchenlohnsteuer 484 Abzuführende Sozial-versicherungsbeiträge 489 Sonstige kurzfristige Verbindlichkeiten 49 Übergangspassiva (Passive Rechnungs-abgrenzung)

Vereinfachter Kontenrahmen für Großhandelsbetriebe nach dem Abschlußgliederungsprinzip des IKR (Teil 2)

Klasse 5	Klasse 6	Klasse 7	Klasse 8	Klasse 9
(Erträge)	(Aufwendungen)		(Ergebnisrechnung)	(Betriebsbuchführung)
50 Umsatzerlöse 5000 Warenverkauf 5001 Rücksendungen u. Preisnachlässe 5002 Skonti an Kunden gewährt (KSK) 5003 Kundenboni 54 Sonstige betriebliche Erträge 540 Haus- u. Grundstückserträge (HE) 57 Sonstige Zinsen und ähnliche Erträge 571 Zinserträge 58 Außerordentliche Erträge (a. o. E.)	60 Aufwendungen für bezogene Stoffe 6050 Treibstoffe (Fuhrparkkosten) 6051 Aufwendungen für Heizöl und Energie 61 Aufwendungen für bezogene Leistungen 613 Instandhaltungs- u. Reparaturkosten 615 Provisionen 62 Löhne 63 Gehälter (62/63 Personalkosten) 64 Soziale Aufwendungen 65 Abschreibungen 650 Abschreibungen auf Anlagevermögen 651 Abschreibungen auf Umlaufvermögen (Forderungen) 67 Aufwendungen für Inanspruchnahme von Rechten u. Diensten 670 Miete u. sonstige Geschäftsraumkosten (Miete, Reinigung) [illegible]	70 Betriebliche Steuern 700 Gewerbekapitalsteuer 770 Gewerbeertragsteuer (700/770 Gewerbesteuer) 702 Grundsteuer und sonstige Gebühren für Gebäude 708 Sonstige betriebliche Steuern 75 Zinsaufwendungen 76 Außerordentliche Aufwendungen (a. o. A.) ◄ 675 Nebenkosten des Finanz- u. Geldverkehrs (Neko) 679 Rechts- u. Beratungskosten 68 Aufwendungen für Kommunikation 680 Allg. Verwaltungskosten (AVK) 685 Werbe- u. Reisekosten 69 Aufwendungen für Beiträge und Sonstiges sowie Wertkorrekturen 690 Versicherungsbeiträge 691 Abschreibungen auf	800 Eröffnungsbilanz 801 Schlußbilanz 802 V + G-Konto	Vorgesehen für die buchhalterische Abwicklung der Kosten- und Leistungsrechnung (Kalkulation, Rechnungskreis II)

Notizen

Notizen

Notizen

Notizen

humboldt-taschenbücher

Praktische Ratgeber

Haushalt
Partybuch (231)
Kaufberater Biokost (608)
Haushaltsreparaturen selber machen (635)
Umweltschutz (642)
Schutz vor Einbruch, Diebstahl (663)
Ratgeber Privatversicherungen (678)

Getränke
Mixgetränke (218)
Alkoholfreie Mixgetränke (396)

Kind und Erziehung
Vornamen (210/505)
Unser Baby (233)
Schwangerschaft/Geburt (392)
Schwangerschafts-Gymnastik (468)
Gymnastik f. Baby u. Kleinkind (602)
Ich werde Vater (630)
Kinderspiele für unterwegs (631)
Kinderfeste (651)

Tips für Kinder
Kinderspiele (47)
Was Kinder basteln (172)
Was Kinder gerne raten (193)

Gesundheit
Erste Hilfe (207)
Kneippkur (230)
Autogenes Training (336)
Rückenschmerzen (339)
Guter Schlaf (354)
Rheuma (364)
Allergien (365)
Sauna (406)
Heilfasten (407)
Kopfschmerzen (408)
Entspannungs-Training (430)
Depressionen (431)
Bandscheibenbeschwerden (442)
Schluß mit dem Streß! (452)
Selbsthilfe durch Autogenes Training (466)
Kranke Seele (484)
Biorhythmus (494)
Autogenes Training und Meditation (510)
Chinesische Atem- und Heilgymnastik (534)
Homöopathie (553)
Erfolgsgeheimnis Selbsthypnose (571)
Schluß mit dem Rauchen! (572)
Ratgeber Wechseljahre (589)
Rezeptfreie Medikamente (593)
Aktiv gegen den Krebs (598)
Ratgeber Heuschnupfen (605)
Abwehrkräfte stärken (616)
Ratgeber Kinderkrankheiten (619)
Aktiv gegen Bluthochdruck (632)
Wassergymnastik (633)
Aktiv gegen Zellulitis (640)
Gymnastik bei Bandscheibenschäden (647)
Ärztlicher Ratgeber für die Reise (655)
Teste deine Gesundheit (656)
Ratgeber Hormone (658)
Gesunde und schöne Zähne (661)
Aktiv gegen Herzinfarkt und Schlaganfall (670)
Gesundheitsratgeber Cholesterin (671)
Schluß mit dem Diät-Streß! (674)
Gesunde und schöne Beine (675)
Gesund durch Entschlacken (676)

Schönheit
Welche Farben stehen mir? (577)
Schöner durch Naturkosmetik (648)
Alles über Schönheitsoperationen (686)

Praktische Lebenshilfe
So lernt man leichter (191)
Traumbuch (226)
Reden f. jeden Anlaß (247)
Handschriften deuten (274)
Gästebuch (287)
Gutes Benehmen (303)
Gedächtnis-Training (313)
Superlearning (491)
Testament und Nachlaß (514)
Hochzeitsratgeber (529)
Prüfe Deine Menschenkenntnis (531)
Mietrecht knapp + klar (532)
Schlankwerden (550)
Ernährungsratgeber (586)
Yoga für Frauen (588)
Körpersprache (590)
Behörden-Wegweiser (592)
Das korrekte Testament (594)
Weniger Steuern zahlen (595)
Flirten – aber wie? (606)
Selbstsicher – selbstbewußt (609)
Teste deine Allgemeinbildung (618)
Positiv denken und leben (622)
1000 Ideen für fröhliche Feste (623)
Rhetorik (627)
Mein Geld (636)
Gutes Gedächtnis (639)
Trennung positiv bewältigen (644)
Geliebt werden – aber wie? (654)
Endlich 50! (657)
Nährwertplaner (659)
Bleib cool! (660; 807 mit Cassette)
Linkshändig? (669)
Besser konzentrieren (672)
Besser lesen, verstehen, behalten (673)
Kommunikation (682)
Okkultismus (687)
Ich zieh' aus! (688)
Gesund wohnen – umweltbewußt bauen (689)
Verflixt, das darf ich nicht vergessen! (935)

Computer
BASIC Anfänger (456)
BASIC Fortgeschrittene (496)
Lernen mit dem Homecomputer (525)
Spielend Programmieren (526)
Programmiersprache PASCAL (551)
Bausteine für BASIC-Programme (591)
Computer – 1×1 fürs Büro (638)

Briefe schreiben
Geschäftsbriefe (229)
Komma-Lexikon (259)
Briefe besser schreiben (301)
Liebesbriefe schreiben (377)
Gutes Deutsch – der Schlüssel zum Erfolg! (535)
Musterbriefe für den persönlichen Bereich (538)
Dichten und Reimen (545)
Fehlerfrei schreiben (615)

Beruf
Buchführung (211)
So bewirbt man sich (255)
Eignungstests (463)
Existenzgründung (498)
Sich bewerben und vorstellen (537)
Eignungs- und Persönlichkeitstests (548)
Arbeitszeugnisse (573)
Prüfungen – mit Erfolg! (582)
Behörden-Wegweiser (592)
Arbeitslos – was nun? (597)
Berufe mit Zukunft (604)
Erfolg ist trainierbar (614)
Erfolgsgeheimnis Zeiteinteilung (624)
Jeder kann Karriere machen (641)
Tests für die Berufswahl (643)
Umgang mit Chefs und Kollegen (662)
Die perfekte Bewerbung (665)
Rückkehr ins Berufsleben (680)
Frauen im Beruf (681)
Alles über Computerberufe (683)
Vorstellungsgespräche – mit Erfolg! (690)

Zimmerpflanzen/Blumen
Zimmerpflanzen (270)
100 schönste Kakteen (370)
Die schönsten Zimmerpfl. (428)
Zimmerpflanzen selbst ziehen (585)

Haustiere
Katzen (212)
Schäferhunde (298)
Wie erziehe ich m. Hund (371)
Aquarienfische (447)
Meine Wohnungskatze (536)
Was will meine Katze mir sagen? (557)
Meine kranke Katze (611)

Kochen

Küchentips
Vegetarische Küche (503)
Vollwertkost (504)
Brotbacken (576)
Mikrowelle (599)

Diät/Leichte Kost
Diät f. Diabetiker (257)
Diät f. Leber/Gallenkr. (260)
Diabetiker-Backbuch (570)
Das Bio-Kochbuch (629)

Fleisch- u. Fischgerichte
Fondue (294)

Ausländische Küche
Ital. Küche (328)

Freizeit-Hobby-Quiz

Mein liebstes Hobby
Deutsche Volks- und Wanderlieder (331)
Tanzen (362/685)
Kegelspiele (487)
Schöne Lieder für Kinder (610)
Humboldt-Briefmarkenbuch (620)